O Segredo
da verdadeira
felicidade

O Segredo
da verdadeira
felicidade

HANNA W. SMITH

Título original: The Christian's Secret of a Happy Life.
Copyright da edição original: ©1883, 1888, de Fleming H. Revell, edição de
Fleming H. Revell Company (Londres e Edinburgo, Reino Unido).
Copyright da tradução: ©2024, de Editora Hagnos Ltda.

1ª edição: agosto de 2024

Produção editorial: Fabiano Medeiros
Tradução: Bruno Echebeste Saadi
Revisão: Shirley Lima (copidesque) e Décio Leme (provas)
Diagramação: Sonia Peticov
Capa: Julio Carvalho
Editor: Aldo Menezes
Coordenador de produção: Mauro Terrengui
Impressão e acabamento: Imprensa da Fé

Salvo indicação contrária, as citações bíblicas são da Bíblia Sagrada King
James Clássica Hagnos.

As opiniões, interpretações e conceitos desta obra são de responsabilidade de
quem a escreveu e não refletem necessariamente o ponto de vista da Hagnos.

Todos os direitos desta edição reservados à
EDITORA HAGNOS LTDA.
Rua Geraldo Flausino Gomes, 42, conj. 41
CEP 04575-060 — São Paulo, SP
Tel.: (11) 5990-3308

E-mail: hagnos@hagnos.com.br | Home page: www.hagnos.com.br
Editora associada à ABDR (Associação Brasileira de Direitos Reprográficos)

Dados Internacionais de Catalogação na Publicação (CIP)
Angélica Ilacqua CRB-8/7057

Smith, Hannah Whitall
O segredo da verdadeira felicidade / Hannah Whitall Smith; tradução de
Bruno Echebeste Saadi. São Paulo: Hagnos, 2024.

ISBN 978-85-7742-548-8

Título original: *The Christian's Secret of a Happy Lif*e

1. Vida cristã
I. Título
II. Saadi, Bruno Echebeste

24-3459   CDD 248.4

Índices para catálogo sistemático:
1. Vida cristã

SUMÁRIO

Prefácio do editor 7

Prefácio da autora 9

O clamor do apóstolo Paulo 11

PRIMEIRA PARTE: A VIDA

Capítulo 1: É bíblico? 15

Capítulo 2: O lado de Deus e o lado do homem 25

Capítulo 3: A vida definida 36

Capítulo 4: Como entrar nela 44

SEGUNDA PARTE: DIFICULDADES

Capítulo 5: Dificuldades relativas à consagração 57

Capítulo 6: Dificuldades relativas à fé 66

Capítulo 7: Dificuldades relativas à vontade 75

Capítulo 8: Dificuldades relativas à orientação 87

Capítulo 9: Dificuldades relativas às dúvidas 101

Capítulo 10: Dificuldades relativas à tentação 113

Capítulo 11: Dificuldades relativas aos fracassos 122

Capítulo 12: Deus está em tudo? 137

TERCEIRA PARTE: RESULTADOS

Capítulo 13: Escravidão ou liberdade 149

Capítulo 14: Crescimento 163

Capítulo 15: Serviço 177

Capítulo 16: Resultados práticos na vida diária 189

Capítulo 17: A alegria da obediência 200

Capítulo 18: União divina 209

Capítulo 19: As carruagens de Deus 218

Capítulo 20: A vida com asas 227

PREFÁCIO DO EDITOR

É com grande alegria e reverência que apresentamos a série Clássicos da Literatura Evangélica. Este é um projeto literário que visa a resgatar e celebrar obras que moldaram a fé e o pensamento cristão ao longo dos séculos, oferecendo aos leitores contemporâneos uma oportunidade única de se conectar com os princípios atemporais do evangelho. No âmago desta série está o compromisso de publicar obras que vêm influenciando gerações de crentes, estimulando a reflexão profunda e a transformação espiritual. Cada livro selecionado é uma joia da literatura cristã, cujo impacto transcende fronteiras geográficas e temporais.

É com prazer que entregamos aos leitores o livro *O segredo da verdadeira felicidade* (no original *The Christian's Secret of a Happy Life* [O segredo do cristão para uma vida feliz]), de Hannah Whitall Smith (1832-1911). Este clássico da literatura evangélica foi publicado pela primeira vez em 1875 e continua, depois de quase 150 anos, a impactar gerações de leitores com sua mensagem de fé, esperança e a busca pela verdadeira felicidade cristã. Ele foi traduzido para inúmeros idiomas, refletindo sua popularidade global e a relevância contínua de sua mensagem.

O livro explora a natureza da vida cristã e oferece uma visão prática sobre como viver em paz e alegria, independentemente das circunstâncias. Hannah Smith é conhecida por sua clareza e acessibilidade. Ela apresenta conceitos teológicos complexos de maneira que qualquer pessoa pode entender e aplicar em sua vida diária. Esta obra reflete sua própria jornada espiritual e suas descobertas sobre a vida abundante que Cristo oferece a todos os crentes.

Esta série abre portas para a exploração de grandes clássicos da literatura evangélica e proporciona uma oportunidade única para aprofundar nossa compreensão da fé cristã e do chamado para viver de acordo com os princípios do evangelho do Senhor Jesus.

Convidamos você, caro(a) leitor(a), a embarcar nesta jornada conosco, conforme revisitamos e celebramos os Clássicos da Literatura Evangélica. Que essas obras continuem a iluminar nosso coração e nossa mente, desafiando-nos a viver de maneira que honre o nome de Jesus e proporcione esperança a um mundo em busca de respostas para os grandes dilemas da vida.

Que a leitura desta série seja uma fonte de inspiração e transformação para todos aqueles que desejam seguir os passos do Mestre e trilhar o caminho da verdade, do amor e da graça rumo à Cidade Celestial.

ALDO MENEZES
Editor

PREFÁCIO DA AUTORA

O que tenho a dizer neste pequeno livro não é uma história nova. A igreja primitiva ensinou isso nos dias dos apóstolos, e, desde esse momento até os dias atuais, em cada época se encontram pessoas cuja voz e vida proclamam essa história.

Com frequência, isso tem sido esquecido, e parece que a igreja caiu em uma escuridão sem esperança e sem vida. Mas o "segredo" sempre foi preservado pela sucessão apostólica daqueles que caminhavam e falavam com Deus.

Atualmente, a verdade a esse respeito foi restabelecida, e meu pequeno livro é um esforço para contá-la mais uma vez, de maneira suficientemente simples, para que todos possam entender. Muitas vezes, a linguagem da religião, como as badaladas de um sino, parece ter perdido seu poder de despertar atenção; e pode ser que até mesmo um sino de tom inferior seja capaz de romper com a descuidada falta de atenção de algumas almas.

Não tentei, portanto, fazer um livro teológico. Eu não poderia, mesmo que quisesse. Simplesmente busquei contar a história abençoada, tão antiga e, ainda assim, tão nova, nas palavras simples e familiares do dia a dia.

Não tenho a intenção de mudar a visão teológica nem mesmo de um único indivíduo. As verdades que tenho para contar não são teológicas, mas práticas. Creio que são as verdades essenciais da vida e da experiência, as verdades que fundamentam todas as teologias e que constituem verdadeiramente seu significado real e vital. Elas se encaixarão em cada convicção, simplesmente tornando possível àqueles que defendem seu credo viverem de acordo com suas convicções e encontrar nelas a realidade experimental de um Salvador e de uma salvação presente.

A maioria de nós reconhece que, por trás de todas as religiões, há uma religião absoluta, que detém a verdade vital de cada uma delas; e é dessa religião absoluta que meu livro busca tratar.

Sem dúvida, não é perfeito, mas confio que todos os seus erros possam ser compensados, e somente o que é verdadeiro possa encontrar morada em qualquer coração. O livro foi enviado com simpatia terna e amor ardente por todas as almas que lutam e estão cansadas, independentemente de seu credo ou de sua denominação; e sua mensagem vai diretamente do meu coração para o delas. Dei o melhor que tinha, e não posso fazer mais que isso.

Esta nova edição revisada segue em sua missão, com a oração de que o Senhor continue a usá-la como uma voz para ensinar algumas pessoas que precisam desesperadamente do verdadeiro "segredo de uma vida feliz".

H. W. S.
Filadélfia, janeiro de 1888

O CLAMOR DO APÓSTOLO PAULO

Irmãos, o desejo do meu coração e minha oração a Deus por Israel é que seja salvo (Romanos 10:1).

ROMANOS 1

Ah, se eu pudesse contar, certamente acreditariam!
    Ah, se eu pudesse ao menos dizer o que tenho visto!
Como poderia contar, ou como vocês receberiam?
    Como, enquanto Ele não os levar aonde estive?

Portanto, ó Senhor, não falharei nem vacilarei;
    não, mas peço, não, mas desejo.
Põe em meus lábios as brasas do altar.
    Sela com o anel e aperfeiçoa com o fogo.

Dá-me uma voz, um brado e um lamento.
    Ah, que meu som seja tempestuoso em seus ouvidos!
Garganta que quer gritar, mas não resiste ao esforço;
    olhos que querem chorar, mas não podem esperar
        as lágrimas.

Aviva, num momento, infinito e para sempre,
    envia um despertar melhor que aquele pelo qual oro.

Dá-me uma graça contra o fraco esforço.
    Almas para mim, e Pentecostes hoje!

Mal consigo captar as palavras de sua revelação.
    Mal o ouço, mal entendo.
Somente o poder que está dentro de mim ecoando
    vive em meus lábios e acena com minha mão.

Quem já sentiu o Espírito do Altíssimo
    não pode confundir, nem duvidar, tampouco negar.
Sim, com uma só voz, ó mundo, embora negues,
    fica daquele lado, pois deste lado estou eu.

F. W. H. MYERS

PRIMEIRA PARTE

A vida

CAPÍTULO 1

É bíblico?

Nenhuma pessoa ponderada pode negar que, na maioria das vezes, a vida cristã, da forma que em geral é vivida, não é completamente feliz. Certa vez, um observador perspicaz me disse: "Vocês, cristãos, parecem ter uma religião que os deixa infelizes. É como se estivessem com enxaqueca. A pessoa não quer se livrar da cabeça, mas dói mantê-la. Não se pode esperar que os de fora busquem algo tão desconfortável com muita seriedade". Então, pela primeira vez, percebi instantaneamente que a religião de Cristo deveria ser — e foi destinada a ser para aqueles que a possuem —, não algo que os deixasse miseráveis, mas, sim, que os deixasse felizes; e, nesse momento, comecei a pedir ao Senhor que me mostrasse o segredo de uma vida cristã feliz.

É esse segredo, à medida que o aprendi, que tentarei contar nas páginas seguintes.

Estou certa de que todos os filhos de Deus, em momentos de profunda inspiração divina, sentem intuitivamente que têm o direito inalienável de desfrutar uma vida de paz interior e vitória externa. Acaso vocês não se lembram do grito de triunfo que suas almas deram quando se encontraram com o Senhor Jesus pela primeira vez e compreenderam um pouco de seu poderoso poder salvífico? Quão certos vocês estavam da vitória! Como parecia fácil ser mais que vencedores por meio daquele que os amou! Sob a liderança de um capitão que nunca foi derrotado em batalha, como seria possível vocês sonharem com a derrota? No entanto, para muitos de vocês, a experiência real tem sido bem diferente! Vocês tiveram poucas e breves vitórias, enquanto as derrotas foram numerosas e devastadoras. Vocês não têm vivido como sentem que os filhos de Deus deveriam viver. Talvez entendam claramente as doutrinas, mas ainda não experimentaram sua vida e seu poder. Vocês se alegraram em seu conhecimento das coisas reveladas nas Escrituras, mas não tiveram uma compreensão vívida das coisas em si, das coisas conscientemente sentidas na alma. Vocês creem em Cristo, falam a seu respeito e servem a Ele; porém, Ele não é conhecido como a verdadeira e real fonte de vida da alma, permanecendo lá para sempre e revelando-se continuamente em sua beleza. Vocês encontraram Jesus como o Salvador da penalidade pelo pecado, mas não o experimentaram como o Salvador do poder do pecado. Vocês estudaram cuidadosamente as Sagradas Escrituras e reuniram muitas verdades preciosas delas, esperando que alimentassem e nutrissem sua vida espiritual, mas, apesar de tudo isso, suas almas estão definhando, e vocês clamam em segredo, repetidas vezes, pelo pão e pela água da vida prometidos nas Escrituras a todos os crentes. No íntimo do coração, vocês sabem que sua experiência não é uma experiência bíblica; que, como disse um antigo escritor, sua religião é "apenas um *discurso* sobre o que os primeiros cristãos desfrutavam, possuíam e viviam". E o coração de vocês afundou, dia após dia, ano após ano, enquanto suas primeiras visões de triunfo pareciam desaparecer, e vocês foram forçados a se convencer de que o melhor que podem esperar de sua religião são altos e baixos, um momento pecando e, no próximo, se arrependendo, e então começando tudo de novo, apenas para voltar a falhar, e novamente se arrepender.

Mas *isso* é tudo? Será que o Senhor Jesus tinha apenas isso em mente quando entregou sua preciosa vida para libertá-lo de sua dolorosa e cruel escravidão ao pecado? Ele propôs a si mesmo apenas essa libertação parcial? Ele pretendia deixá--lo lutando sob uma consciência cansada de derrota e desânimo? Ele temia que uma vitória contínua fosse desonrosa e trouxesse reprovação sobre seu nome? Todas as declarações feitas sobre sua vinda e sobre a obra que Ele deveria realizar tinham apenas o significado que você experimentou? Acaso havia alguma reserva oculta em cada promessa destinada a privá-la de seu cumprimento completo? Será que "livrar-nos das mãos dos nossos inimigos" significa que eles ainda teriam domínio sobre nós? Será que "permitir-nos sempre triunfar" significa que só triunfaríamos algumas vezes? Sermos feitos "mais que vencedores por aquele que nos amou" significa derrota e fracasso constantes? Ser "salvo totalmente" significa a escassa salvação que vemos manifestar-se entre nós agora? Podemos imaginar que o Salvador, que foi ferido por nossas transgressões e moído por nossas iniquidades, veria o trabalho de sua alma e ficaria satisfeito com as vidas cristãs que enchem a igreja hoje? A Bíblia nos diz que, para "este fim, o Filho de Deus foi manifesto: para destruir as obras do Diabo"; será que podemos considerar, pelo menos por um instante, que isso esteja além de seu poder, e que Ele seja incapaz de cumprir aquilo para o qual foi manifestado?

Desde o começo, estabeleça uma coisa: Jesus veio para salvá-lo, agora, nesta vida, do poder e domínio do pecado, e para torná-lo mais que um vencedor por meio de seu poder. Se você tem dúvida, pesquise em sua Bíblia e colete cada declaração ou anúncio sobre os propósitos e objetivos da morte de Jesus na cruz. Você ficará surpreso ao descobrir quão abundantes são! Em todos os lugares e em todos os momentos, é dito que sua obra consiste em nos libertar de nossos pecados, de nossa escravidão, de nossa contaminação; e em nenhum lugar é apresentado qualquer indício de que essa libertação seria apenas limitada e parcial, como muitos cristãos frequentemente parecem aceitar.

Deixe-me lembrá-lo do ensino das Escrituras sobre esse assunto. Quando o anjo do Senhor apareceu a José em um sonho e anunciou o nascimento do Salvador, disse: "E dará à luz um filho, e lhe darás o nome Jesus, pois salvará seu povo de seus pecados" (Mateus 1:21).

Quando Zacarias foi "cheio do Espírito Santo" no nascimento de seu filho, e "profetizou", declarou que Deus tinha visitado seu povo para cumprir a promessa e o juramento que havia feito; essa promessa era "de nos conceder que, libertos da mão de nossos inimigos, o sirvamos sem temor, em santidade e em retidão perante ele todos os dias da nossa vida" (Lucas 1:74-75).

Quando Pedro estava pregando no pórtico do templo aos judeus que estavam maravilhados, declarou: "Deus, tendo ressuscitado seu Filho, Jesus, enviou-o primeiro a vós, para vos abençoar, apartando a cada um de vós das próprias iniquidades" (Atos 3:26).

Quando Paulo estava contando à igreja de Éfeso a maravilhosa verdade de que Cristo os amava tanto a ponto de se entregar por eles, prosseguiu declarando que seu propósito ao fazer isso era: "para santificá-la e purificá-la com o lavar da água, pela palavra, para apresentá-la a si mesmo igreja gloriosa, sem mácula, nem ruga, ou coisa semelhante, mas santa e sem defeito" (Efésios 5:26-27).

Quando Paulo procurava instruir a Tito, seu filho na fé, sobre a graça de Deus, afirmou que o propósito dessa graça era nos ensinar que, "renunciando à impiedade e às concupiscências mundanas, vivamos de maneira sensata, reta e segundo Deus neste mundo presente" (Tito 2:12); e acrescenta, como razão disso, que Cristo "se deu por nós para nos remir de toda iniquidade e *para* purificar para si um povo exclusivo seu, zeloso de boas obras" (Tito 2:14).

Quando Pedro exortou os cristãos para quem estava escrevendo a andarem de maneira santa, semelhante a Cristo, disse-lhes: "Pois para isso mesmo fostes chamados; porque Cristo também sofreu por nós, deixando-nos o exemplo, para que sigais seus passos, *e Ele* não pecou, nem engano se achou em sua boca" (1Pedro 2:21-22); e acrescenta: "Ele mesmo carregou nossos pecados em seu corpo sobre o madeiro, para que nós, estando mortos para os pecados, vivêssemos para a justiça; e pelas feridas dele é que fostes sarados" (1Pedro 2:24).

Quando Paulo estava comparando, na carta aos Efésios, o comportamento adequado de um cristão ao comportamento de um incrédulo, apresentou diante deles a verdade em Jesus da seguinte forma: "a que, no que concerne ao procedimento anterior, vos despojeis do velho homem, que é corrupto segundo as concupiscências enganosas, e vos renoveis no espírito de vossa mente; e vos revistais do novo homem, que, segundo Deus, é criado em justiça e verdadeira santidade" (Efésios 4:22-24).

E quando, em Romanos 6, Paulo responde de forma definitiva à questão sobre se um filho de Deus pode continuar em pecado, destacando quão contrário é isso ao propósito da salvação em Jesus, menciona nossa morte e ressurreição judicial com Cristo como prova irrefutável de nossa libertação prática do pecado, e diz: "De maneira alguma! Como pode ser que nós, os que estamos mortos para o pecado, ainda vivamos nele? Não sabeis que tantos quantos fomos batizados em Jesus Cristo fomos batizados em sua morte? Portanto, fomos sepultados com ele, pelo batismo, na morte, para que, assim como Cristo ressuscitou dos mortos pela glória do Pai, assim também andemos em novidade de vida" (Romanos 6:2-4); e acrescenta: "sabendo isto: que nosso velho homem foi crucificado com ele, para que o corpo do pecado fosse destruído, para que de agora em diante não sirvamos ao pecado" (Romanos 6:6).

É um fato às vezes negligenciado que, nas declarações sobre o propósito da morte de Cristo, há muito mais ênfase em uma salvação presente do pecado do que em uma salvação futura no céu, remetendo claramente à importância relativa que Deus atribui a essas duas coisas.

Queridos cristãos, vocês aceitarão o testemunho das Escrituras sobre esse assunto? As mesmas perguntas cruciais que preocupavam a igreja nos tempos de Paulo ainda nos afligem hoje. Em primeiro lugar, "Permaneceremos no pecado para que a graça possa abundar?". Em segundo, "Anulamos, então, a lei pela fé?". Nossa resposta a essas questões deve ser um enfático "De maneira alguma!" (Romanos 6:2a), como afirmou Paulo, em suas declarações triunfantes de que, em vez de anular a lei, "confirmamos a lei" (Romanos 3:31b); e que "o que a lei não pôde fazer, visto que estava enfraquecida pela carne, Deus, enviando seu Filho em semelhança de carne pecaminosa, e pelo pecado, condenou o pecado na carne, para que a justiça da lei se cumprisse em nós, que não andamos segundo a carne, mas segundo o Espírito" (Romanos 8:3-4).

Podemos imaginar, por um momento sequer, que o Deus santo, que abomina o pecado no pecador, está disposto a tolerá-lo no cristão e até mesmo organizou um plano de salvação para tornar impossível aos que foram salvos da culpa do pecado encontrarem libertação de seu poder?

Como bem disse o dr. Chalmers, "o pecado é aquele escândalo que deve ser eliminado do grande lar espiritual com o qual a divindade se regozija. É realmente intrigante constatar como o pecado é tão detestável para Deus a ponto de resultar na condenação à morte daqueles que o cometem e, ao mesmo tempo, quando eles são trazidos de volta à vida, o pecado ser permitido; e aquilo que antes era alvo de vingança destruidora agora é tolerado e protegido. Agora que a punição foi removida, você considera possível que o Deus imutável tenha abandonado sua aversão ao pecado a ponto de permitir que o homem, que foi arruinado e redimido, entregue-se continuamente, sob as novas circunstâncias, àquilo que nas circunstâncias anteriores o destruía? Será que o Deus que amou a justiça e odiou a iniquidade há seis mil anos não sente ainda o mesmo amor pela justiça e ódio pela iniquidade [...]. Agora respiro o ar da bondade celestial e posso andar diante de Deus em paz e graça; acaso me entregaria novamente à aliança incompatível de dois princípios tão adversos: o de um Deus que aprova e o de um pecador que insiste na ruína? Como poderemos nós, recuperados de uma catástrofe tão terrível, continuar naquilo que primeiro nos envolveu nela? A cruz de Cristo, pelo mesmo golpe poderoso e decisivo com que afastou de nós a maldição do pecado, também certamente afasta de nós o poder e o amor do pecado".

E não apenas o dr. Chalmers, mas também muitos outros homens santos de sua geração, bem como da nossa geração e de gerações passadas, se uniram para declarar que a redenção efetuada a nós por nosso Senhor Jesus Cristo na cruz do Calvário é uma redenção do poder do pecado, bem como de sua culpa, e que Jesus *é* capaz de salvar completamente todos os que se aproximam de Deus por meio dele.

Um antigo e sábio teólogo quacre do século 17 disse: "Não há nada tão contrário a Deus quanto o pecado, e Deus não permitirá que o pecado governe eternamente sua obra-prima, o homem. Quando consideramos a infinitude do poder de Deus para destruir o que é contrário a ele, quem ainda pode crer que o diabo sempre persistirá e triunfará? Considero incoerente e contrário à verdadeira fé que as pessoas sejam cristãs e, ainda assim, acreditem que Cristo, o eterno Filho de Deus, a quem todo o poder no céu e na terra foi concedido, permitiria que o pecado e o diabo exercessem controle sobre elas.

"Vocês podem argumentar que nenhum homem, por mais poder que possua, é capaz de se autorredimir, e que nenhum homem pode viver sem pecado. Amém é o que diremos a isso. Mas, se nos disserem que, quando o poder de Deus vem para nos ajudar e nos redimir do pecado, isso não pode ser efetuado, então não podemos aceitar essa doutrina; e espero que vocês também não.

"Você aprovaria se eu dissesse que Deus emprega seu poder para realizar algo assim, mas o diabo o impede? Que é impossível para Deus fazer isso porque o diabo não gosta? Que é impossível que alguém esteja livre do pecado, pois o diabo adquiriu tamanho poder sobre eles que Deus não pode expulsá-lo? Essa é uma doutrina lamentável, mas não é assim que tem sido pregada? Ela afirma claramente que, embora Deus intervenha com seu poder, o diabo enraizou tão profundamente o pecado na natureza humana que é impossível. Acaso o homem não é a criatura de Deus, e Ele não pode recriá-lo e libertá-lo do pecado? Se você afirmar que o pecado está profundamente enraizado no homem, eu concordarei com isso; mas, embora profundo, não é tão arraigado que Cristo Jesus não possa penetrar profundamente na raiz da natureza humana. Ele recebeu poder para derrotar o diabo e suas obras, bem como para restaurar e redimir o homem para a justiça e a santidade. Caso contrário, é falso que Ele "é também capaz de salvar perfeitamente os que por Ele se chegam a Deus, visto que vive sempre para interceder por eles" (Hebreus 7:25). Devemos rejeitar a Bíblia se dissermos que é impossível para Deus libertar o homem do pecado.

"Nós sabemos", continua ele, "que, quando nossos amigos estão em cativeiro, como na Turquia ou em outro lugar, costumamos pagar em dinheiro para libertá-los; mas não pagaríamos se ainda estivessem presos em correntes. Não seria enganador pagar tanto por sua redenção, o acordo ser feito para que sejam considerados redimidos e chamados de *cativos resgatados* e, mesmo assim, eles continuarem presos? Por quanto tempo? Enquanto viverem. Isso é para corpos físicos, mas agora estou falando de almas. Cristo deve ser minha redenção e me resgatar do cativeiro. Acaso estou como prisioneiro em algum lugar? Sim, aquele que peca, diz Cristo, é servo do pecado, um escravo do pecado. Se pecou, você é um escravo, um cativo que deve ser resgatado da escravidão. Quem pagará um preço por mim? Sou pobre; não tenho nada; não posso me redimir: quem pagará o preço por mim? Aqui está aquele que pode pagar o preço por mim. Isso é bom; são boas-novas; então, espero ser libertado do meu cativeiro. Qual é o nome dele? Ele é chamado de Redentor? Então, espero o benefício da minha redenção, e ser libertado do meu cativeiro. Não, dizem eles, você deve permanecer no pecado enquanto viver. Como assim? Nunca seremos libertados? Esse coração tortuoso e essa vontade perversa sempre permanecerão em nós? Mesmo sendo crente, não posso ter fé suficiente para alcançar a santificação e uma vida santa? Não há domínio a ser conquistado, nenhuma vitória sobre o pecado? Devo ser dominado por ele enquanto viver? Que tipo de Redentor é esse, então, ou que benefício tenho nesta vida, de minha redenção?".

Trechos semelhantes poderiam ser citados de Marshall e Romaine, e de muitos outros, para mostrar que essa doutrina não é nova na igreja, por mais que possa ter sido esquecida pela geração atual de crentes. É a mesma velha história que inspirou canções de triunfo na vida cotidiana de inúmeros santos de Deus, sejam católicos, sejam protestantes, ao longo de todas as épocas; e agora está sendo proclamada mais uma vez para a alegria indescritível das almas cansadas e sobrecarregadas.

Portanto, antes de rejeitar isso, querido leitor, dedique um tempo para buscar nas Escrituras e orar para ver se essas coisas são realmente verdadeiras. Peça a Deus que abra os olhos de seu entendimento por meio de seu Espírito, para que você possa compreender "qual é a insuperável grandeza de seu poder para com todos nós, os que cremos, segundo a operação de seu grande poder, que Ele manifestou em Cristo quando o ressuscitou dos mortos e o colocou à sua destra nos lugares celestiais" (Efésios 1:19-20).

"Quando saíres para pelejar contra teus inimigos, e vires cavalos, e carros, e um povo maior que tu, não os temas, pois o Senhor, teu Deus, que te tirou da terra do Egito, está contigo. E sucederá que, quando te aproximares da peleja, o sacerdote se apresentará e falará ao povo, e lhe dirá: 'Ouve, ó Israel, hoje é chegado o dia de pelejardes contra vossos inimigos; não se desalente vosso coração, não temais, nem tremais, nem vos aterrorizeis por causa deles, pois o Senhor, vosso Deus, é quem vai convosco para pelejar por vós contra vossos inimigos, para vos salvar'" (Deuteronômio 20:1-4).

CAPÍTULO 2

O lado de Deus e o lado do homem

Há muitos mal-entendidos sobre a vida e a caminhada pela fé, pois os dois lados não são compreendidos de forma clara. As pessoas tendem a pensar que há apenas um lado, concentrando-se exclusivamente nele, sem considerar qualquer outro. Não é surpresa que visões distorcidas do assunto sejam a consequência normal.

Agora, existem dois lados muito definidos e distintos nesse assunto, e, como todos os outros assuntos, esse não pode ser totalmente compreendido a menos que ambos os lados sejam mantidos constantemente à vista. Refiro-me, é claro, além de Deus e além do homem; ou, em outras palavras, independentemente de Deus na obra de santificação e independentemente do homem. Esses são muito distintos e até mesmo contrastantes, mas, ainda que para um observador superficial possam às vezes soar contraditórios, na realidade não são.

Certa ocasião, isso me foi ilustrado de forma bem marcante. Dois professores de vida espiritual conduziam reuniões no mesmo local, em horários alternados. Enquanto um enfatizava apenas o papel de Deus na obra, o outro abordava exclusivamente a parte do homem! Ambos estavam em perfeita sintonia entre si e concluíam, de forma plena, que estavam ensinando diferentes aspectos da mesma grande verdade; e assim também uma boa parte dos ouvintes compreendia. Contudo, para alguns dos presentes, a experiência foi diferente, e uma senhora me disse, visivelmente perplexa: "Não consigo entender de jeito nenhum. Aqui estão dois pregadores tentando ensinar exatamente a mesma verdade, mas para mim parece que estão contradizendo integralmente um ao outro". E, nesse momento, senti que ela expressava um quebra-cabeça que, muitas vezes, gera grande dificuldade na mente de muitos pesquisadores honestos dessa verdade.

Imagine dois amigos que vão visitar um edifício famoso e voltam para casa para contar sobre ele. Um viu apenas o lado norte; o outro, apenas o sul.

O primeiro diz:

— O edifício foi construído dessa maneira, e tem tais e tais histórias e ornamentos.

— Ah, não — diz o outro, interrompendo-o — você está completamente enganado; eu vi o edifício e foi construído de maneira completamente diferente, e seus ornamentos e histórias eram assim e assim.

Poderia, então, surgir uma discussão acalorada sobre a veracidade dessas descrições, até que os dois amigos percebessem estar descrevendo lados diferentes do edifício, de modo que, de imediato, tudo seria esclarecido.

Eu gostaria de afirmar, o mais claramente possível, o que considero serem os dois lados distintos desse assunto; e demonstrar como focar apenas em um deles, sem considerar o outro, pode levar a interpretações errôneas e a visões distorcidas da verdade.

Resumindo, eu diria que a responsabilidade do homem é confiar, enquanto cabe a Deus agir. Essas duas partes contrastam entre si à primeira vista, mas não são necessariamente contraditórias. O que quero dizer é: há um trabalho específico a ser feito. Precisamos ser libertos do poder do pecado e ser aperfeiçoados em toda boa obra para realizar a vontade de Deus. "Mas todos nós, com o rosto descoberto, refletindo como por espelho a glória do Senhor" (2Coríntios 3:18a), devemos ser realmente "transformados na mesma imagem, de glória em glória, ou seja, como pelo Espírito do Senhor" (2Coríntios 3:18b). Devemos ser transformados pela renovação de nossa mente, para que possamos provar qual é a boa, agradável e perfeita vontade de Deus. Um trabalho verdadeiro deve ser realizado em nós e dentro de nós. Os pecados persistentes devem ser vencidos; os hábitos malignos devem ser superados; as disposições e os sentimentos errados devem ser eliminados, e os temperamentos e emoções santos devem ser gerados. Uma transformação positiva deve ocorrer. Pelo menos é isso que a Bíblia ensina. Agora, alguém deve fazer isso. Ou nós devemos fazê-lo por nós mesmos, ou outro deve fazê-lo por nós. Muitos de nós tentaram inicialmente fazer isso por conta própria e falharam miseravelmente. Mas, então, descobrimos, nas Escrituras e com base em nossa própria experiência, que não somos capazes de realizar essa transformação por nossos próprios meios. No entanto, o Senhor Jesus Cristo veio com o propósito de fazê-lo — e fará isso por todos que se entregarem completamente em suas mãos e confiarem nele sem reservas. Diante disso, qual é o papel do crente e qual é o papel do Senhor?

É evidente que o papel do crente é simplesmente confiar, enquanto o Senhor, em quem ele confia, efetivamente realiza o trabalho que lhe é confiado. *Confiança* e *ação* são certamente coisas contrastantes, às vezes até mesmo parecem contraditórias; mas será que são contraditórias nesse caso? Claramente não, porque envolvem duas partes distintas. Se afirmássemos que uma parte em uma transação confiou seu caso a outra e, ainda assim, cuidou dele pessoalmente, estaríamos declarando uma contradição e uma impossibilidade. Mas, quando dizemos que duas partes em uma transação confiam uma na outra para fazer algo, e que uma delas parte para executar essa ação, estamos nos referindo a algo absolutamente simples e harmonioso. Portanto, ao afirmarmos que, nesta vida espiritual elevada, a responsabilidade do homem é confiar, enquanto cabe a Deus realizar aquilo que lhe é confiado, não estamos realmente apresentando nenhum problema muito difícil ou intrigante.

O pregador, ao abordar o papel do homem neste assunto, concentra-se principalmente na rendição e na confiança, pois são as únicas ações que o homem pode realizar. Todos concordam com isso. No entanto, esses pregadores, com frequência, são criticados, como se, ao dizerem isso, estivessem sugerindo que não há outra parte e que, portanto, não há mais nada a ser feito além de confiar. E há a preocupação de que essa doutrina da fé elimine todas as realidades, alegando que as almas são simplesmente instruídas a confiar e, assim que o fazem, nada mais há a ser feito, resultando em uma vida sem frutos e desprovida de resultados reais. Essa incompreensão surge do fato de que o pregador pode não ter enfatizado, ou o ouvinte pode ter falhado em reconhecer que, quando confiamos, o Senhor trabalha, e que muita coisa é feita, não por nós, mas por ele. Resultados reais são alcançados por nossa confiança, pois nosso Senhor assume a responsabilidade pelo que lhe confiamos e Ele realiza. *Nós* não fazemos nada, mas *Ele* faz, e por isso é feito de forma mais eficaz. Quando isso é claramente compreendido, a dificuldade relativa à pregação da fé desaparece por completo.

Por outro lado, o pregador que destaca a parte de Deus na questão é criticado por uma razão diferente. Ele não menciona a confiança, pois a parte do Senhor não é confiar, mas, sim, trabalhar. A responsabilidade do Senhor é realizar aquilo que lhe é confiado. Ele nos disciplina e treina por meio de exercícios internos e circunstâncias externas. E emprega todos os recursos de sua sabedoria e de seu amor para nos refinar e purificar. Ele faz com que tudo em nossa vida e circunstâncias sirva ao grande propósito de nos fazer crescer em graça e nos conformar, dia após dia e hora após hora, à imagem de Cristo. Ele nos conduz por um processo de transformação, mais longo ou mais curto, conforme nosso caso particular assim exija, para tornar reais e experimentais os resultados em que confiamos. Ousamos, por exemplo, segundo a instrução em Romanos 6:11, nos considerar mortos para o pecado pela fé. Deus torna isso uma realidade e nos conduz à morte por meio de diversas pequenas mortificações e cruzes para a natureza humana. Nossa avaliação só é eficaz porque Deus a torna verdadeira. No entanto, o pregador que enfatiza esse aspecto prático da questão e discorre sobre os processos de Deus para transformar as estimativas da fé em realidades experimentais pode ser acusado de contradizer completamente a pregação da fé, e de proclamar apenas um processo de santificação gradual por meio das obras, apresentando, assim, uma tarefa impossível e desesperançosa à alma.

A santificação é tanto um passo de fé como um processo de obras. É um passo de rendição e confiança de nossa parte, e é um processo de desenvolvimento por parte de Deus. Ao dar um passo de fé, unimo-nos a Cristo; ao longo de um processo contínuo, somos levados para que "cresçamos em todas as coisas naquele que é a cabeça" (Efésios 4:15). Ao dar um passo de fé, entregamo-nos nas mãos do divino Oleiro; ao longo de um processo gradual, Ele vai nos moldando e transformando em vasos dignos de sua honra, prontos para sermos usados em toda boa obra.

Para explicar isso, imagine que estou descrevendo a alguém completamente ignorante sobre como um pedaço de argila se transforma em um belo vaso. Primeiro, eu explicaria o papel da argila no processo; tudo que posso dizer é que a argila é colocada nas mãos do oleiro e, então, se mantém passiva, sujeitando-se a todos os movimentos das mãos do oleiro sobre ela. Realmente, não há mais nada a ser dito sobre o papel da argila. Mas acaso meu ouvinte poderia argumentar, a partir disso, que nada mais é feito, pois eu disse que isso é tudo que a argila pode fazer? Se ele for um ouvinte inteligente, não vai sonhar em se comportar assim, mas dirá:

— Entendi; isso é o que a argila deve fazer. Mas o que o oleiro deve fazer?

— Ah — respondo — agora chegamos a parte importante... O oleiro pega a argila assim abandonada e começa a moldá-la e a modelá-la, de acordo com sua própria vontade. Ele a amassa e trabalha nela; ele a rasga e volta a pressioná-la; ele a molha e depois a deixa secar. Às vezes, ele trabalha nela por horas a fio; outras vezes, ele a deixa de lado por muitos dias, sem tocá-la. E então, depois de todos esses processos, quando já a tornou perfeitamente maleável em suas mãos, ele começa a moldá-la no vaso que havia planejado. Ele a gira na roda, aplaina e suaviza, e a seca ao sol, assa-a no forno e, finalmente, retira de sua oficina um vaso para sua honra e adequado ao seu uso.

Agora, será que meu leitor dirá que estou me contradizendo, já que, pouco tempo atrás, eu disse que a argila só precisava permanecer passiva nas mãos do oleiro e, agora, estou atribuindo a ela um grande trabalho que não é capaz de realizar, e que se tornar um vaso desse tipo é uma empreitada impossível e sem esperança? Certamente não. Ele perceberá que, enquanto antes eu estava falando do papel da argila, agora estou abordando o papel do oleiro, e que são necessariamente contrastantes, mas em nada contraditórios; e que não se espera que a argila faça o trabalho do oleiro, mas apenas que se entregue ao seu trabalho.

Parece-me que nada poderia ser mais claro do que a harmonia perfeita entre esses dois, aparentemente contraditórios, tipos de ensinamento.

O que *podemos* dizer sobre a parte do homem nesse grande trabalho, senão que ele deve continuamente se render e confiar? Mas, quando chegamos ao lado de Deus na questão, o que não pode ser dito sobre as diversas e maravilhosas formas nas quais ele realiza o trabalho que lhe é confiado? É aqui que o crescimento entra em cena. Um pedaço de argila nunca poderia se transformar em um belo vaso se permanecesse na pedreira por milhares de anos; mas, quando é entregue nas mãos habilidosas de um oleiro, cresce rapidamente, sob sua modelagem, até se tornar o vaso que ele pretende que seja. E, da mesma forma, a alma, deixada ao trabalho do oleiro celestial, é moldada em um vaso para honra, santificado e adequado para o uso do mestre.

Portanto, tendo dado o passo da fé ao se entregar completa e absolutamente em suas mãos, agora você deve esperar que ele comece a trabalhar. Ele pode realizar as coisas de maneira diferente da sua, mas confie que ele sabe o que está fazendo e sinta-se satisfeito com isso.

Conheci uma senhora que entrou nessa vida de fé com um grande derramamento do Espírito e uma maravilhosa inundação de luz e alegria. Ela esperava que isso a preparasse para um grande serviço no reino de Deus e imaginava que seria enviada de pronto para o campo missionário. Em vez disso, quase imediatamente, seu marido perdeu todo o dinheiro, deixando-a confinada em casa para lidar com as tarefas domésticas, sem tempo ou energia para qualquer obra em relação ao evangelho. Ela aceitou essa disciplina e se dedicou completamente a tarefas domésticas como limpar, cozinhar e costurar, tanto quanto se dedicaria a pregar, orar ou escrever para o Senhor. E o resultado foi que, por meio desse treinamento, Deus a transformou em um instrumento "adequado para uso do Mestre, e preparado para toda boa obra".

Outra mulher, que havia experimentado bênçãos maravilhosas ao entrar nessa vida de fé em circunstâncias semelhantes, também esperava ser enviada para realizar algum grande trabalho, e se viu confinada em casa com dois filhos doentes e irritadiços, tendo de cuidar deles, acalmá-los e distraí-los o dia todo. Ao contrário da primeira mulher, ela não aceitou essa situação com tranquilidade, mas ficou irritada, preocupada e, por fim, rebelou-se contra as circunstâncias; perdeu todas as suas bênçãos e acabou voltando a um estado de tristeza e miséria. E, embora, inicialmente, ela tenha compreendido a importância de confiar, não entendeu o processo divino de como aquilo em que confiava seria realizado e, por isso, tirou a si mesma das mãos do oleiro celestial, e o vaso foi danificado na roda.

Eu acredito que muitos vasos tenham sido igualmente prejudicados por falta de compreensão dessas coisas. A maturidade da experiência cristã não pode ser alcançada em um momento, mas é o resultado da obra do Espírito Santo de Deus, que, por meio de seu poder energizante e transformador, nos faz crescer em Cristo em todas as coisas. E não podemos esperar alcançar essa maturidade de outra maneira senão nos entregando completamente e de forma voluntária ao seu poderoso trabalho. Mas a santificação que as Escrituras nos exortam a buscar, como uma experiência presente para todos os crentes, não consiste na maturidade do crescimento, mas na pureza do coração; e isso pode ser tão pleno nas experiências iniciais quanto nas mais maduras.

Desde o momento em que o pedaço de argila passa para as mãos transformadoras do oleiro, ele é, a cada dia e a cada hora do processo, exatamente o que o oleiro deseja que seja naquela hora ou naquele dia, e, portanto, satisfaz; mas está longe de ser transformado no vaso que ele pretende fazer no futuro.

O bebê pode ser tudo o que um bebê poderia ser, ou deveria ser, e pode, portanto, agradar perfeitamente à sua mãe; no entanto, está longe de ser o que ela deseja que se torne quando atingir a maturidade.

A maçã em junho é uma maçã perfeita para junho; é a melhor maçã que junho pode produzir: mas é muito diferente da maçã em outubro, que é uma maçã aperfeiçoada.

As obras de Deus são perfeitas em cada estágio de seu crescimento. As obras do homem nunca são perfeitas até que estejam completas em todos os aspectos.

Tudo o que reivindicamos, então, nesta vida de santificação é que, por meio de um ato de fé, nos entreguemos nas mãos do Senhor, para que Ele realize em nós toda a sua boa vontade, e depois, por meio de um exercício contínuo de fé, permaneçamos nesse estado. Esse é nosso papel na questão. E, quando fazemos isso, e enquanto o fazemos, estamos verdadeiramente agradando a Deus, de acordo com as Escrituras, mesmo que leve anos de treinamento e disciplina para Ele nos amadurecer em um vaso que seja totalmente voltado à sua honra e adequado para toda boa obra.

Nosso papel é confiar; cabe a Ele produzir os resultados. E, quando fazemos a nossa parte, Ele nunca deixa de fazer a sua, pois ninguém jamais confiou no Senhor e foi confundido. Portanto, não tenha medo de que, se confiar, ou se disser aos outros para confiar, o processo termine ali. A confiança é o início e o fundamento contínuo; mas, quando confiamos, o Senhor trabalha, e seu trabalho é crucial nisso tudo. Isso esclarece o aparente paradoxo que confunde tantas pessoas. Dizem: "Em um momento, você nos manda nada fazer senão confiar, depois nos diz para fazer coisas impossíveis. Como você consegue conciliar afirmações tão contraditórias?". Elas devem ser conciliadas da mesma forma que conciliamos as afirmações sobre uma serra em uma marcenaria, quando dizemos, em um momento, que a serra cortou um tronco ao meio e, no momento seguinte, declaramos que foi o marceneiro quem o fez. A serra é o instrumento utilizado; o poder que a utiliza é do marceneiro. E assim, entregando-nos a Deus, e nossos membros como instrumentos de justiça para Ele, descobrimos que Ele opera em nós tanto o querer como o efetuar, ao seu bel-prazer, e podemos dizer com Paulo: "Trabalhei muito mais que todos eles; todavia, não eu, mas a graça de Deus que estava comigo" (1Coríntios 15:10b).

Na ordem divina, o trabalho de Deus depende de nossa cooperação. Houve uma ocasião em que foi dito sobre nosso Senhor que Ele não pôde realizar grandes milagres em um lugar específico por causa da incredulidade das pessoas. Não foi por falta de vontade, mas porque Ele não podia fazê-lo. Acredito que, com frequência, pensamos em Deus como se Ele não *quisesse*, quando a verdadeira questão é que Ele não *pode*. Assim como o oleiro, por mais habilidoso que seja, não pode fazer um belo vaso de um pedaço de argila que nunca é colocado em suas mãos, da mesma forma, Deus não pode fazer de mim um vaso para sua honra, a menos que eu me coloque em suas mãos. Minha parte é a correlação essencial à parte de Deus na questão da minha salvação; e, como Deus, sem dúvida, fará sua parte corretamente, o essencial para mim é descobrir qual é minha parte e, então, fazê-la.

Neste livro, portanto, naturalmente enfatizarei sobretudo o lado humano, pois estou escrevendo para seres humanos, na esperança de deixar claro como devemos cumprir nossa parte nesse grande trabalho. No entanto, quero que fique bem claro, do começo ao fim, que, se eu não confiasse com todo o meu coração na eficácia do trabalho de Deus do seu lado, nem mesmo uma palavra deste livro teria sido escrita.

CAPÍTULO 3

A vida definida

No primeiro capítulo, busquei resolver a questão da autenticidade bíblica da experiência às vezes chamada de vida cristã superior, mas que eu considero ser a única verdadeira vida cristã, mais bem designada pelas palavras "vida escondida com Cristo em Deus". No segundo, procurei reconciliar os dois lados distintos dessa vida, ou seja, a parte a ser realizada pelo Senhor e a parte que, necessariamente, deve ser feita por nós mesmos. Agora, portanto, considerarei ponto pacífico que as Escrituras apresentam ao crente no Senhor Jesus uma vida de descanso permanente e de vitória contínua que está muito além da experiência cristã comum; e que, na Bíblia, nos é apresentado um Salvador capaz de nos salvar do poder de nossos pecados tão verdadeiramente quanto nos salva de sua culpa.

O próximo ponto a ser considerado é o seguinte: quais são as principais características dessa vida escondida com Cristo em Deus e como ela difere, de forma significativa, da experiência cristã comum.

Suas principais características são a entrega total ao Senhor e a plena confiança nele, resultando em vitória sobre o pecado e em descanso interior da alma; e isso difere da experiência cristã comum porque nos leva a deixar o Senhor carregar nossos fardos e cuidar de nossos assuntos, em vez de tentarmos fazer tudo sozinhos.

A maioria dos cristãos se assemelha a um homem que caminhava pela estrada, curvado sob um fardo pesado, quando uma carroça o ultrapassou e o carroceiro, gentilmente, ofereceu ajuda em sua jornada. Ele aceitou a oferta com alegria, mas, uma vez sentado na carroça, continuou a suportar o peso do fardo em seus ombros.

— Por que você não solta seu fardo? — perguntou o carroceiro de bom coração.

— Ah — respondeu o homem —, sinto que é quase demais pedir que você me carregue; assim, não posso deixá-lo carregar também meu fardo.

E, assim, muitos cristãos, embora tenham deixado a vida ao cuidado do Senhor Jesus, ainda carregam o peso de seus fardos, seguindo, muitas vezes, cansados e sobrecarregados ao longo de sua jornada.

Quando falo de fardos, estou me referindo a tudo que nos preocupa, seja de natureza espiritual, seja de natureza temporal.

Quando falo de fardos, estou me referindo, em primeiro lugar, a nós mesmos. O maior fardo que temos de carregar na vida é o próprio eu — esse é o mais desafiador de administrar. Nossa rotina diária, nossos sentimentos e emoções, nossas fraquezas e tentações específicas, nossos traços de personalidade distintos, nossas preocupações internas de todos os tipos — essas são as coisas que mais nos confundem e nos afligem, levando-nos, com frequência, ao sofrimento e às trevas. Portanto, ao nos libertarmos de nossos fardos, o primeiro passo é nos livrarmos de nós mesmos. Você precisa entregar a si mesmo, e as suas tentações, seu temperamento, seus humores e sentimentos, bem como todas as suas experiências internas e externas, aos cuidados e à proteção do seu Deus, e deixar tudo lá. Foi Ele que o criou e, portanto, Ele o compreende e sabe como lidar com você; e você deve confiar nele para fazer isso. Diga a Ele: "Aqui estou, Senhor, entrego-me a ti. Tentei de todas as maneiras possíveis administrar minha vida e me tornar quem eu sei que devo ser, mas todas as vezes fracassei. Agora, desisto e entrego tudo a ti. Toma posse de mim por completo. Trabalha em mim tudo o que for da tua boa vontade. Molda-me e transforma-me em um vaso que te agrade. Entrego-me completamente em tuas mãos e acredito que, conforme prometeste, farás de mim um instrumento para a tua honra, 'santificado e adequado para uso do Mestre, e preparado para toda boa obra'". E aqui você deve descansar, confiando-se, assim, a Ele, contínua e absolutamente.

Depois, é necessário que você se livre de todos os outros fardos: sua saúde, sua reputação, seu trabalho cristão, suas propriedades, seus filhos, seus negócios, seus funcionários; em resumo, tudo o que lhe diz respeito, seja interna ou externamente.

Em geral, para nós, é mais fácil confiar o futuro ao Senhor do que confiar o nosso presente. Sabemos que somos impotentes em relação ao futuro, mas sentimos que o presente está em nossas mãos e deve ser carregado em nossos próprios ombros. Muitos de nós, secretamente, acreditam que é pedir muito ao Senhor que cuide de nós mesmos, e não nos sentimos à vontade para pedir que Ele também carregue nossos fardos.

Conheci uma senhora cristã que carregava um grande fardo em sua vida diária. Isso tirava o sono e o apetite dela, e havia o perigo de sua saúde se deteriorar por essa razão. Um dia, quando o fardo parecia especialmente pesado, ela notou, sobre a mesa que estava perto dela, um pequeno folheto chamado "A fé de Hanna". Atraída pelo título, ela pegou e começou a ler, sem saber que isso produziria uma verdadeira revolução em toda a sua experiência. A história era de uma mulher pobre que, triunfantemente, fora levada por uma vida de tristeza incomum. Certa ocasião, ela estava contando a história de sua vida a uma visitante gentil e, ao final, a visitante disse, emocionada:

— Oh, Hanna, não consigo entender como conseguiu suportar tanta tristeza!

— Não suportei — foi sua resposta imediata —; o Senhor suportou por mim.

— Sim — disse a visitante. — Esse é o caminho certo. Devemos levar nossos problemas ao Senhor.

— Sim — retrucou Hanna —, mas devemos fazer mais que isso: devemos deixá-los lá. A maioria das pessoas — continuou ela — leva seus fardos a Ele, mas os trazem de volta consigo, e ficam tão preocupadas e infelizes quanto antes. Mas eu levo os meus e os deixo com Ele, e sigo em frente sem pensar nisso. Se a preocupação voltar, eu a levo a Ele novamente; e faço isso repetidas vezes, até que, por fim, simplesmente esqueço que tenho preocupações e descanso plenamente.

Minha amiga ficou muito impressionada com esse plano e resolveu tentá-lo. Embora não pudesse mudar as circunstâncias de sua vida, ela as entregou ao Senhor e as deixou aos seus cuidados; e, então, ela acreditou que Ele as tomou para si, e deixou toda a responsabilidade, toda a preocupação e toda a ansiedade com ele. Sempre que as preocupações voltavam, ela voltava a entregá-las; e o resultado foi que, mesmo com as circunstâncias permanecendo as mesmas, sua alma encontrava-se em perfeito estado de paz no meio delas. Ela sentiu que havia descoberto um segredo prático e, desse momento em diante, procurou nunca mais carregar seus próprios fardos, nem gerenciar seus próprios assuntos, mas, sim, entregá-los, assim que surgiam, ao divino Portador de Fardos.

Esse mesmo segredo, que ela descobriu ser tão eficaz em sua vida externa, provou-se ainda mais eficaz em sua vida interior, que, na verdade, era ainda mais difícil de controlar. Ela entregou completamente sua vida ao Senhor, com tudo o que era e tudo o que tinha, confiando que Ele aceitaria o que ela lhe havia confiado. Consequentemente, ela deixou de se preocupar e de se angustiar, e sua vida se tornou radiante de alegria por pertencer ao Senhor. Esse foi um segredo muito simples que ela descobriu; apenas isso, que era possível seguir o mandamento de Deus expresso nas seguintes palavras: "Não vos preocupeis por nada, mas, em tudo, com oração e súplica, com ação de graças, sejam vossas petições conhecidas diante de Deus. E a paz de Deus, que ultrapassa todo o entendimento, guardará vossos corações e mentes por meio de Cristo Jesus" (Filipenses 4:6-7).

Muitas outras coisas podem ser ditas sobre essa vida escondida com Cristo em Deus, muitos detalhes sobre o que o Senhor Jesus faz por aqueles que assim se entregam a Ele. Mas o cerne de toda a questão está aqui declarado; e a alma que descobriu esse segredo da fé simples encontrou a chave que abrirá todo o tesouro de Deus.

Estou certa de que estas páginas vão chegar às mãos de algum filho de Deus que anseia por uma vida como a que tenho descrito. Você deseja ardentemente se livrar de seus fardos exaustivos. E ficaria encantado em entregar o controle do seu eu indomável a alguém capaz de cuidar dele. Você está cansado e exausto, e o descanso que menciono parece irresistivelmente doce para você.

Você se lembra da deliciosa sensação de descanso com a qual às vezes ia para a cama à noite, após um dia de grande esforço e cansaço? Como era maravilhosa a sensação de relaxar cada músculo e deixar seu corpo em uma entrega perfeita de conforto e tranquilidade! A tensão do dia havia cessado, pelo menos por algumas horas, e o trabalho do dia era deixado para trás. Você não precisava mais sustentar uma cabeça dolorida ou uma coluna cansada. Você confiava totalmente em sua cama, que o sustentava sem esforço ou preocupação de sua parte. E você descansava!

Mas imagine se você tivesse duvidado da força ou da estabilidade de sua cama, e temesse que, a qualquer instante, ela cedesse e o fizesse cair no chão; você conseguiria descansar dessa forma? Não teria cada músculo tensionado em um esforço inútil para se segurar, e a exaustão não se teria tornado ainda maior do que se você não tivesse ido para a cama?

Deixe-me ilustrar o que significa descansar no Senhor usando uma comparação bem simples. Permita que sua alma se deite no sofá da doce vontade de Deus, assim como seu corpo se deita na cama à noite. Relaxe toda tensão e descarregue todo fardo. Entregue-se completamente ao conforto e à tranquilidade, com a certeza de que, uma vez que Ele o sustenta, você está perfeitamente seguro. Sua parte é simplesmente descansar. A parte dele é sustentá-lo; e Ele não pode falhar.

Considere também outra comparação, que o próprio Senhor amplamente validou: a da vida infantil. Pois "Jesus chamou para *perto* de si uma criança, pô-la no meio deles e disse: 'Na verdade, eu vos digo: se não vos converterdes e não vos tornardes como crianças, de modo algum entrareis no reino do céu'" (Mateus 18:2-3).

Agora, quais são as características de uma criança pequena e como ela vive? Ela vive pela fé, e sua principal característica é que ela está livre de preocupações. Sua vida é uma extensa confiança do começo ao fim do ano. Ela confia em seus pais, em seus cuidadores, em seus professores; às vezes, ela confia até mesmo em pessoas que são totalmente indignas de confiança, devido à confiança abundante de sua natureza. E essa confiança é sempre recompensada. A criança não provê nada para si mesma, mas tudo é providenciado. Ela não se preocupa com o futuro, não faz planos, mas toda a sua vida é cuidadosamente planejada, e ela encontra seus caminhos prontos, dia após dia, hora após hora. Ela entra na casa de seu pai e dali sai com uma facilidade e um abandono indescritíveis, desfrutando todas as coisas boas lá de dentro, sem ter gastado um centavo sequer para obtê-las. A pestilência pode caminhar pelas ruas de sua cidade, mas a criança não se importa com isso. Fome, fogo e guerra podem rugir ao seu redor, mas, sob o cuidado amoroso de seu pai, a criança permanece em total despreocupação e em descanso perfeito. Ela vive no momento presente e recebe sua vida sem questionar, aceitando-a dia após dia das mãos de seu pai.

Certa vez, visitei uma casa abastada, na qual havia uma criança adotada, sobre quem era derramado todo o amor, ternura e cuidado que o coração humano pode oferecer, ou os meios humanos podem fornecer. Enquanto eu observava aquela criança correndo para dentro e para fora, dia após dia, livre e alegre, com a descuidada felicidade da infância, fiquei pensando em que medida essa cena era um retrato de nossa maravilhosa posição como filhos na casa de nosso Pai celestial. Refleti: se algo poderia entristecer e magoar tanto os corações amorosos ao redor dela quanto vê-la começar a se preocupar ou ficar ansiosa consigo mesma — sobre se sua comida e roupas seriam providenciadas, ou de que forma obteria sua educação ou seu sustento futuro —, quanto mais o grande e amoroso coração de nosso Deus e Pai deve ficar entristecido e ferido ao ver seus filhos tão ansiosos e preocupados! Então, compreendi por que nosso Senhor nos disse tão enfaticamente: "Não vos preocupeis por vossa vida" (Mateus 6:25).

Afinal, quem é o ser mais bem cuidado em todos os lares? Não são as criancinhas? E não é o bebê indefeso que recebe a maior porção? Todos sabemos que o bebê não trabalha nem fia; e, ainda assim, é alimentado, vestido, amado e tem suas necessidades providas com mais ternura do que o mais esforçado dos trabalhadores. Portanto, essa vida de fé, sobre a qual escrevo, consiste justamente disto: ser filho na casa do Pai. E isso é o suficiente para transformar toda vida cansada e sobrecarregada em uma só, com bem-aventurança e descanso.

Permita que os caminhos da confiança infantil e da ausência de preocupação, que tanto agradam e conquistam seus corações em seus próprios filhos, ensinem como deveriam ser suas atitudes em relação a Deus; e, ao se entregar nas mãos dele, aprenda a literalmente "não se preocupar com coisa alguma"; e, então, descobrirá que a paz de Deus, que excede todo entendimento, guardará (como com uma guarnição) seu coração e sua mente por meio de Cristo Jesus.

"Tu conservarás em paz *aquele cuja* mente *está* firme *em ti*; porque ele confia em ti" (Isaías 26:3). Esse é o retrato divino da vida de fé sobre a qual estou escrevendo. Não se trata de uma teoria especulativa, nem de um sonho romântico. É possível ter a alma mantida em perfeita paz, aqui e agora nesta vida; e a confiança infantil em Deus é a chave para alcançá-la.

CAPÍTULO 4

Como entrar nela

Depois de abordar a questão sobre a fundamentação bíblica de viver essa vida escondida com Cristo em Deus e de apresentar um pouco do que essa vida implica, o próximo passo é como alcançá-la e concretizá-la.

Em primeiro lugar, eu diria que essa vida abençoada não deve ser vista de forma alguma como uma conquista, mas como um presente. Não podemos merecê-la, não podemos alcançá-la por nossos próprios méritos, não podemos conquistá-la; só podemos pedi-la e recebê-la. É o dom de Deus em Cristo Jesus. E, quando algo é um presente, o único caminho para o receptor é aceitá-lo e agradecer ao doador. Nunca dizemos sobre um presente: "Veja o que alcancei" nem nos orgulhamos de nossa habilidade ou de nossa sabedoria em tê-lo alcançado. Ao contrário, dizemos: "Veja o que me foi dado" e nos orgulhamos do amor, da riqueza e da generosidade do doador. E tudo em nossa salvação é um presente. Do começo ao fim, Deus é o doador e nós somos os receptores; e não é para aqueles que fazem grandes coisas, mas para aqueles que "recebem abundância de graça e do dom da justiça" (Romanos 5:17), que as promessas mais ricas são feitas.

Portanto, para entrar em uma experiência prática dessa vida interior, a alma deve estar em uma atitude receptiva, reconhecendo plenamente que é um dom de Deus em Cristo Jesus, um dom que não pode ser alcançado por quaisquer esforços ou obras nossas. Isso simplificará, em boa medida, a questão; e a única coisa que restará para considerar é descobrir a quem Deus concede esse dom e como ele pode ser recebido. Em resumo, esse dom é concedido apenas à alma completamente consagrada e deve ser recebido pela fé.

A primeira etapa é a consagração — não como um ato legalista, não como uma forma de adquirir ou merecer a bênção, mas como um meio de remover as barreiras e permitir que Deus a conceda. Assim como uma massa de argila precisa ser entregue completamente ao oleiro e permanecer passiva em suas mãos para ser modelada em um belo vaso, igualmente uma alma precisa ser entregue por completo a Deus e permanecer passiva em suas mãos para ser transformada em um vaso honroso para ele, "santificado e adequado para uso do Mestre, *e* preparado para toda boa obra" (2Timóteo 2:21). Essa verdade é clara desde o início.

Certo dia, eu estava explicando a um médico responsável por um grande hospital sobre a importância e o significado da consagração, mas parecia que ele não entendia. Por fim, eu lhe disse:

— Imagine se, durante suas visitas aos pacientes, você encontrasse alguém que pedisse encarecidamente para você cuidar especialmente do seu caso para curá-lo, mas, ao mesmo tempo, se recusasse a contar todos os seus sintomas ou a seguir todos os remédios prescritos. Esse tal diria: "Estou disposto a seguir suas instruções em algumas coisas, porque parecem boas para mim, mas, em outras, prefiro decidir por conta própria". O que você faria?

O médico ficou indignado e disse:

— Ora, eu deixaria esse homem cuidar de si próprio. Não poderia fazer nada por ele a menos que colocasse todo o seu caso em minhas mãos sem reservas e obedecesse totalmente às minhas instruções.

— Então, é necessário que os médicos sejam obedecidos, se estes quiserem ter alguma chance de curar seu paciente? — indaguei a ele.

— *Obediência por completo!* — essa foi sua resposta enfática.

— Isso é consagração — continuei. "Deus deve ter todo o caso colocado em suas mãos sem reservas, e suas instruções devem ser seguidas por completo.

— Entendo — exclamou ele. — Eu entendo! E farei isso. Deus terá seu próprio caminho comigo de hoje em diante.

Para algumas pessoas, talvez a palavra "entrega" expresse melhor essa ideia do que a palavra "consagração". Mas, seja qual for a palavra que usemos, queremos dizer entrega total de todo o nosso ser a Deus — espírito, alma e corpo colocados sob seu controle absoluto, para que Ele faça conosco o que desejar. Queremos dizer que a linguagem do nosso coração, em todas as circunstâncias e diante de cada ato, é: "Seja feita a tua vontade". Queremos renunciar a toda liberdade de escolha. Queremos levar uma vida de inevitável obediência.

Para uma alma que ignora a Deus, isso pode parecer difícil; mas, para aqueles que conhecem o Senhor, essa é uma vida mais feliz e tranquila. Ele é nosso Pai, nos ama e sabe exatamente o que é melhor para nós; portanto, é claro que sua vontade é a maior bênção que podemos receber em qualquer circunstância. Não entendo como tantos cristãos têm sido cegos a esse fato. Mas realmente parece que os próprios filhos de Deus têm mais medo da vontade de Deus do que de qualquer outra coisa na vida — sua adorável e amável vontade, que só significa bondades e misericórdias ternas, e bênçãos inexprimíveis para suas almas! Eu gostaria de poder mostrar a todos a insondável doçura da vontade de Deus. O céu é um lugar de felicidade infinita porque ali sua vontade é perfeitamente realizada, e nossa vida compartilha dessa felicidade na mesma proporção em que sua vontade é perfeitamente realizada nela. Ele nos ama — eu digo, *nos ama* —, e a vontade do amor sempre traz bênçãos àqueles a quem ama. Muitos de nós conhecemos esse sentimento de amor e entendemos que, se fosse possível, inundaríamos nossos entes queridos com bênçãos. Se tivéssemos o poder de realizar nossos desejos para eles, tudo o que é bom, doce e alegre na vida seria dado a eles. E, se isso é verdadeiro para nós, que somos limitados, quanto mais verdadeiro deve ser para Deus, que é amor em sua essência! Se pelo menos pudéssemos compreender um pouco do vasto amor de Deus, nosso coração se abriria à sua vontade e a abraçaria como o maior tesouro, e nos entregaríamos a ela com um entusiasmo de gratidão e alegria, por tal privilégio maravilhoso poder ser nosso.

Muitos cristãos parecem acreditar que o único desejo de seu Pai celestial é torná-los infelizes e privá-los de todas as suas bênçãos; e eles imaginam, pobres almas, que, ao segurarem firmemente as coisas segundo sua própria vontade, podem evitar que isso aconteça. Estou com vergonha de escrever estas palavras, mas nós temos de encarar um fato que está tornando centenas de vidas infelizes.

Um cristão que passava por grande dificuldade estava contando a outro cristão os vários esforços que fizera para encontrar libertação e concluiu: "Mas tudo foi em vão e, literalmente, não há mais nada a fazer agora além de confiar no Senhor".

"Que tristeza!", exclamou seu amigo com profunda compaixão, como se nenhum risco maior fosse possível. "Que tristeza! Você chegou a *esse* ponto?"

Certa vez, uma senhora cristã expressou a uma amiga suas dificuldades em dizer "Faça-se a tua vontade" e o medo que tinha de fazê-lo. Ela era mãe de um único menino, o qual era o ídolo de seu coração e herdeiro de uma fortuna considerável. Depois de compartilhar todas as suas dificuldades, sua amiga disse: "Imagine que seu pequeno Charley chegasse correndo até você amanhã e dissesse: 'Mãe, decidi deixar você ter total controle sobre mim a partir de agora. Sempre vou obedecer a você, e quero que você faça o que achar melhor comigo. Vou confiar no seu amor'. Como você reagiria? Você diria para si mesma: 'Ah, agora terei a chance de deixar o Charley infeliz. Vou tirar todas as suas alegrias e encher sua vida com tudo o que for difícil e desagradável. Vou obrigá-lo a fazer apenas as coisas mais difíceis para ele e lhe darei todos os tipos impossíveis de comando. "Oh, não, não, não!", exclamou, indignada, a mãe. "Você sabe que eu não faria isso. Você sabe que eu o abraçaria com força e o cobriria de beijos, e me apressaria em encher sua vida com tudo o que há de mais doce e melhor. "Acaso você é mais amorosa e carinhosa do que Deus?", perguntou sua amiga. "Ah, não!", respondeu a outra. "Eu percebo meu erro. Agora entendo que não devo ter medo de dizer 'Faça-se a tua vontade' ao Pai celestial, assim como não gostaria que Charley tivesse medo de entregar a vida dele a mim."

Melhor e mais doce do que saúde, amigos, dinheiro, fama, conforto ou prosperidade é a adorável vontade do nosso Deus. Essa vontade ilumina os momentos mais sombrios com um brilho divino, derramando o sol mais radiante nos caminhos mais sombrios. Aquele que o tornou seu reino sempre reina, e nada pode dar errado. Certamente, então, é apenas um privilégio glorioso que se abre diante de você quando lhe digo que o primeiro passo que você deve dar para entrar na vida escondida com Cristo em Deus é o da plena consagração. Peço-lhe que não veja isso como uma exigência difícil ou severa. Você deve fazer isso com alegria, gratidão e entusiasmo. Você deve adotar o que chamo de lado do privilégio da consagração; e eu posso garantir, com base no testemunho universal de todos que já tentaram, que você encontrará o lugar mais feliz que já experimentou.

A fé é o próximo passo após a entrega. A fé é um elemento absolutamente necessário na recepção de qualquer presente; pois, ainda que nossos amigos nos deem algo por completo, não é realmente nosso até acreditarmos que foi dado e o reivindicarmos como nosso. Isso é especialmente verdadeiro em relação a presentes de natureza mental ou espiritual. O amor pode nos ser oferecido em abundância por outra pessoa, mas, até acreditarmos que somos amados, nunca se tornará verdadeiramente nosso.

Suponho que a maioria dos cristãos entende esse princípio em relação ao perdão de seus pecados. Eles sabem que o perdão dos pecados por intermédio de Jesus poderia ter sido pregado a eles eternamente, mas nunca se tornaria deles até que acreditassem nessa pregação e reivindicassem o perdão como seu. Mas, quando se trata de viver a vida cristã, eles perdem de vista esse princípio e pensam que, tendo sido salvos pela fé, agora devem viver segundo obras e esforços; e, em vez de continuarem a *receber*, agora devem começar a *fazer*. Isso faz com que nossa declaração de que a vida escondida com Cristo em Deus deve ser alcançada pela fé pareça perfeitamente incompreensível a eles. E, ainda assim, é claramente declarado que, "como, portanto, recebestes Cristo Jesus, o Senhor, *assim* andai nele" (Colossenses 2:6). Nós o recebemos pela fé, e apenas pela fé; portanto, devemos andar nele pela fé, e apenas pela fé. A fé que nos leva a entrar nessa vida escondida é a mesma que nos trouxe do reino das trevas para o reino do Filho amado de Deus, mas agora ela se concentra em algo diferente. *Antes*, acreditamos que Jesus era nosso Salvador da culpa do pecado e que, de acordo com nossa fé, isso nos foi concedido; *agora* devemos acreditar que Ele é nosso Salvador do poder do pecado e que, de acordo com nossa fé, isso nos será concedido. *Antes*, confiamos nele para o perdão, e isso se tornou nosso; *agora* devemos confiar nele para a justiça, e isso também se tornará nosso. *Antes*, nós o recebemos como Salvador no futuro das penalidades de nossos pecados; *agora* devemos recebê-lo como Salvador no presente do cativeiro de nossos pecados. *Antes*, Ele foi nosso Redentor; *agora* deve ser nossa vida. *Antes*, Ele nos tirou do abismo; *agora*, deve nos colocar nos lugares celestiais com Ele.

Claro, quando falo a esse respeito, estou me referindo à experiência prática e vivencial. Teológica e judicialmente, eu sei que todo crente possui tudo no momento em que se converte; porém, na prática, nada é dele até que, pela fé, o reivindique. "Todo lugar que pisar a planta do vosso pé, vo-lo tenho dado" (Josué 1:3). Deus "nos abençoou com todas as bênçãos espirituais nos *lugares* celestiais em Cristo" (Efésios 1:3); mas, até colocarmos o pé da fé sobre elas, elas não se tornarão efetivamente nossas. "Segundo a vossa fé", esse é sempre o limite e a regra.

Essa fé precisa ser exercida no presente. Nenhuma fé exercida no futuro significa realmente algo. Um homem pode acreditar constantemente que seus pecados serão perdoados em algum momento futuro, mas nunca encontrará paz. É necessário chegar à crença no momento presente e afirmar, com uma fé atual: "Meus pecados estão perdoados agora", para que a alma encontre descanso. E, da mesma forma, nenhuma fé que busca libertação futura do poder do pecado conduzirá uma alma à vida a que estamos nos referindo. O inimigo se deleita nessa fé futura, pois sabe que é impotente para alcançar resultados práticos. Mas ele treme e foge quando a alma do crente ousa declarar uma libertação presente e se considera *agora* livre de seu poder.

Talvez não existam quatro palavras na língua que tenham mais significado do que as seguintes, que eu gostaria que você repetisse várias vezes com sua voz e sua alma, enfatizando cada vez uma palavra diferente:

> *Jesus* me salva agora. — Ele é o Salvador.
>
> Jesus *me* salva agora. — Sou eu quem precisa ser salvo.
>
> Jesus me *salva* agora. — Sua obra é salvar.
>
> Jesus me salva *agora*. — Ele está fazendo isso a cada instante.

Em suma, para entrar nessa abençoada vida interior de descanso e triunfo, você precisa dar dois passos. Primeiro, entregar-se completamente; segundo, ter uma fé absoluta. Não importa quais sejam as complicações de sua experiência única, nem suas dificuldades, as circunstâncias ou o "temperamento peculiar". Se você seguir firmemente esses dois passos, acabará encontrando, mais cedo ou mais tarde, os pastos verdejantes e as águas tranquilas dessa vida escondida com Cristo em Deus. Você pode ter certeza disso. E, se deixar de lado todas as outras considerações e se dedicar tão somente a esses dois pontos, e for muito claro e certo a seu respeito, seu progresso será rápido, e sua alma alcançará o refúgio desejado muito mais cedo do que você pode imaginar.

Para que não haja erros, devo repetir os passos? Você é um filho de Deus e deseja sinceramente agradar a Ele. Você o ama e está cansado do pecado que entristece seu divino Mestre.

Você anseia por ser libertado do poder desse pecado. Todas as tentativas anteriores de se livrar falharam e agora, em seu desespero, você se pergunta se Jesus realmente pode e está disposto a libertá-lo, conforme afirmam essas pessoas felizes. Certamente, você sente em sua alma que Ele pode fazer isso, pois foi exatamente para salvá-lo de todos os seus inimigos que Ele veio. Então, confie nele. Entregue-se sem reservas e acredite que Ele assumirá a responsabilidade por você; e imediatamente, sabendo quem Ele é e o que prometeu, afirme com convicção que Ele está salvando você agora. Assim como você acreditou no início que Ele o livrou da culpa do pecado porque Ele disse isso, agora acredite que o está libertando do poder do pecado porque Ele prometeu. Deixe sua fé agarrar-se a esse novo poder em Cristo. Você confiou nele como seu Salvador, aquele que morreu por você; agora confie nele como seu Salvador que vive, pois, assim como Ele veio para livrá-lo da punição futura, também veio para libertá-lo da escravidão presente. Assim como Ele veio para suportar os fardos por você, veio para viver sua vida por você. Em ambos os casos, você é completamente impotente. Você poderia tão facilmente se livrar dos próprios pecados quanto poderia agora alcançar para si próprio a retidão prática. Você não poderia se livrar de seus próprios pecados nem alcançar a retidão prática por si só. É Cristo — e somente Ele — que deve realizar essas obras em você; e sua parte em tudo isso é simplesmente entregar a Ele a tarefa e confiar, pois Ele a cumprirá.

Uma mulher, agora muito proeminente nessa vida de confiança, quando estava enfrentando um período de muita turbulência e incerteza ao tentar adotar essa mentalidade, declarou ao amigo que estava tentando ajudá-la: "Todos vocês dizem: 'entregue-se e confie, entregue-se e confie', mas eu não sei

COMO ENTRAR NELA

como fazer isso. Gostaria que você simplesmente demonstrasse em voz alta, para que eu pudesse entender como faz".

Posso fazer isso em voz alta para você?

"Senhor Jesus, creio que és capaz e estás disposto a me libertar de toda preocupação, inquietação e escravidão da minha vida cristã. Creio que morreste para me libertar, não apenas no futuro, mas agora e aqui. Creio que és mais forte do que o pecado e que podes me guardar, mesmo na minha extrema fraqueza, de cair em suas armadilhas ou de obedecer aos seus comandos. E, Senhor, vou confiar em ti para me guardar. Tentei me manter por conta própria e falhei, e falhei muito. Sinto-me completamente impotente. Então, agora, confiarei em ti. Entrego-me totalmente a ti, sem reservas. Corpo, alma e espírito, apresento-me a ti, como um pedaço de barro, para ser moldado em tudo aquilo que teu amor e tua sabedoria escolherem. Agora *sou* teu. Creio que aceitas o que te apresento; creio que este pobre, fraco e tolo coração já foi tomado por ti, e que neste exato momento começaste a trabalhar em mim para fazer o que é da tua vontade. Confio *plenamente* em ti, aqui e *agora*."

Um homem foi obrigado a descer em um poço profundo deslizando por uma corda fixa que se supunha ter comprimento suficiente. No entanto, para sua surpresa, a corda acabou antes que seus pés tocassem o fundo. Ele não tinha forças para subir novamente, e soltar-se e cair pareciam significar ser despedaçado nas profundezas abaixo. Ele, então, se segurou até que sua força estivesse totalmente esgotada e caiu, pensando que iria morrer. Ele caiu — apenas três centímetros — e se viu seguro no fundo do poço.

Você está hesitante em dar esse passo? Parece repentino demais, como um salto no escuro? Você não sabe que o passo da fé sempre "cai em um vazio aparente, mas encontra a rocha

por baixo"? Se algum dia você quiser entrar nessa terra gloriosa, que mana leite e mel, deverá, mais cedo ou mais tarde,
entrar nas águas transbordantes, pois não há outro caminho;
e fazê-lo agora pode poupar meses e até mesmo anos de decepção e tristeza. Ouça a palavra do Senhor:

"Não te ordenei eu? Sê forte e tem bom ânimo; não temas,
nem te espantes, porque o Senhor teu Deus é contigo por onde
quer que andares" (Josué 1:9).

SEGUNDA PARTE

Dificuldades

CAPÍTULO
5

Dificuldades relativas à consagração

É essencial que os cristãos estejam cientes das tentações que parecem surgir a cada avanço em sua jornada celestial e que são especialmente ativas quando a alma desperta para uma fome e sede de justiça, e começa a buscar a plenitude que temos em Cristo.

Nesse contexto, uma das maiores tentações é a dificuldade em relação à consagração. Aquele que busca santidade é instruído a se consagrar e tenta fazê-lo. No entanto, logo depara com uma dificuldade. Ele acredita que alcançou a consagração como pensava, mas não nota diferença alguma em sua experiência; nada parece ter mudado, como ele esperava que acontecesse. Então, ele fica completamente perplexo, indagando quase desesperadamente: "Como posso saber se estou consagrado?".

A principal tentação que surge nesse momento é a mesma que nos ataca ao longo de todo o caminho: a questão dos *sentimentos*. Não conseguimos acreditar que estamos consagrados até *sentirmos* que estamos; e, como não sentimos que Deus nos tomou em suas mãos, não conseguimos acreditar que Ele realmente o fez. Como de costume, colocamos o sentimento em primeiro lugar, a fé em segundo lugar e o fato por último. Mas a regra invariável de Deus é: fato primeiro, fé em segundo lugar e sentimento por último; é uma luta contra o inevitável quando tentamos alterar essa ordem.

Então, para enfrentar essa tentação relativa à consagração, basta tomar o lado de Deus no assunto e adotar a sua ordem, colocando a fé antes do sentimento. Entregue-se, definitiva e completamente, ao Senhor, de acordo com sua compreensão atual, pedindo ao Espírito Santo para revelar tudo o que está em desacordo com Ele, seja em seu coração, seja em sua vida. Se Ele lhe mostrar algo, entregue imediatamente ao Senhor e declare: "Seja feita a tua vontade". Se Ele não mostrar nada, então você deve acreditar que não há nada e concluir que se entregou completamente a Ele. Reconheça que, quando você se entrega a Deus, Ele o aceita — isso é um fato; e imediatamente permita que sua fé se apegue a esse fato. Comece a crer e mantenha a crença firme de que Ele aceitou o que você lhe entregou. Não espere sentir que se entregou ou que Deus o aceitou. Apenas creia nisso e considere-o verdadeiro. E, se você permanecer firme nesse raciocínio, mais cedo ou mais tarde o sentimento virá, e você perceberá que é realmente uma bênção ser inteiramente do Senhor.

Se você desse uma propriedade a um amigo, você teria de oferecê-la, e ele teria de aceitá-la, com fé. Uma propriedade não é algo que possa ser simplesmente transferido a outra pessoa; a oferta do presente e sua aceitação consistem em uma transação verbal e documentada, sendo, portanto, uma questão de fé. Agora, imagine que você desse uma propriedade a um amigo em um dia e depois se afastasse, questionando-se se realmente a tinha dado, se ele a tinha aceitado como sua e se sentisse a necessidade de renovar o presente no dia seguinte. E se, no

DIFICULDADES RELATIVAS À CONSAGRAÇÃO

terceiro dia, ainda houvesse incerteza, levando você a voltar a renovar o presente, e no quarto dia fizesse o mesmo, e assim por diante, dia após dia, por meses e anos a fio, o que seu amigo pensaria, e qual seria sua própria condição mental em relação a isso no final? Seu amigo começaria a duvidar se você realmente tinha a intenção de dar a ele, e você mesmo ficaria tão profundamente perplexo que não saberia se a propriedade era sua ou dele, ou de quem era.

Agora veja: você não tem agido assim com Deus no assunto da consagração? Você se ofereceu a Ele repetidas vezes, talvez diariamente, por meses a fio. No entanto, sempre sai desses momentos de consagração se perguntando se realmente se entregou e se Ele aceitou você. E, como não *sentiu* nenhuma mudança, conclui, após muitas reviravoltas dolorosas, que a entrega não foi realizada. Você sabia, querido crente, que essa perplexidade persistirá para sempre, a menos que você a encerre pela fé? Você deve chegar ao ponto de considerar o assunto como algo consumado e resolvido, deixando-o assim, antes de esperar qualquer mudança de sentimento.

A lei levítica das ofertas ao Senhor estabelece um fato básico: tudo o que é dado a Ele se torna, por esse mesmo ato, algo sagrado, separado de todas as outras coisas, algo que não pode, sem sacrilégio, ser usado para outros fins. "Não obstante, nenhuma coisa consagrada que alguém consagrar ao Senhor de tudo o que tem, *tanto* de homem quanto de animal, e do campo de sua possessão, se venderá ou se redimirá; toda coisa consagrada é santíssima ao Senhor" (Levítico 27:28). Assim que algo era oferecido ao Senhor, em Israel, era considerado propriedade exclusiva dele, e ninguém se atrevia a tentar recuperá-lo. Ainda que o doador tivesse feito sua oferta de forma relutante ou sem muita convicção, uma vez oferecida, a questão saía de seu controle, e a oferta, pela lei divina, tornava-se "santíssima ao Senhor". Posso imaginar um ofertante, depois de ter depositado uma doação, começando a examinar o coração quanto à sua sinceridade e à honestidade em fazê-lo, e voltando ao sacerdote para dizer que receava talvez não ter dado corretamente, ou não ter sido perfeitamente sincero ao fazê-lo. Tenho certeza de que, imediatamente, o sacerdote o silenciaria, dizendo: "Quanto à forma que você deu sua oferta, ou quais foram seus motivos ao fazê-lo, não sei. O fato é que você a deu, e ela é do Senhor, pois tudo aquilo que é ofertado é santíssimo para Ele. É tarde demais para revogar a oferta agora". E não apenas o sacerdote, mas também todo o povo de Israel, teria ficado horrorizado com alguém que, depois de dar sua oferta, tentasse recuperá-la. No entanto, todos os dias, cristãos sinceros, sem perceber o sacrilégio que estão cometendo, são responsáveis por comportamento semelhante. Eles se consagram ao Senhor em um momento solene e, em seguida, por falta de fé, tentam recuperar o que deram.

Como Deus não está fisicamente visível, é difícil sentir que uma interação com Ele é real. Suponho que, se pudéssemos realmente vê-lo quando praticamos nossos atos de consagração, sentiríamos que é algo muito real e nos daríamos conta de ter dado nossa palavra a Ele, sem a possibilidade de retroceder, independentemente de nosso desejo. Para nós, essa transação teria a mesma força de um compromisso, de uma promessa feita por um amigo terreno a um homem de honra. O que precisamos, portanto, é ver que a presença de Deus é sempre uma realidade, e que cada ato de nossa alma é praticado diante dele, e que uma palavra dita em oração é proferida a Ele como se nossos olhos pudessem vê-lo e nossas mãos pudessem tocá-lo. Então, deixaremos de ter concepções tão vagas de nosso relacionamento com Ele e sentiremos o peso de cada palavra que proferirmos em sua presença.

Eu sei que alguns dirão aqui: "Ah, sim! Mas, se Ele simplesmente falasse comigo e dissesse que me aceitou quando me entreguei a Ele, eu não teria mais dificuldade para crer". Não, é claro que não teria, mas onde estaria o espaço para a fé? Visão não é fé, e audição não é fé, tampouco sentimento é fé; e, em toda parte, a Bíblia nos diz que nossa salvação será pela fé. Portanto, devemos crer antes de sentir e, muitas vezes contra nossos sentimentos, se quisermos honrar a Deus com nossa fé. É sempre aquele que crê que tem o testemunho; não aquele que duvida. Mas como podemos duvidar, já que, pelo próprio mandamento de nos apresentarmos a Ele como sacrifício vivo, Ele se comprometeu a nos receber? Não consigo imaginar um homem honrado pedindo a outra pessoa para lhe dar algo se tiver dúvidas sobre aceitá-lo; menos ainda consigo conceber um pai amoroso agindo assim em relação a um filho amado. "Meu filho, dá-me o teu coração" — essa é uma garantia segura de que, no momento em que o coração é dado, será aceito por aquele que ordenou a dádiva. Podemos ter confiança de que, quando nos entregamos ao Senhor, de acordo com seu próprio comando, Ele nos recebe ali mesmo e que, desse momento em diante, nós somos seus. O que se passou foi uma transação real, algo que não pode ser violado sem desonrar nossa parte, e que sabemos que não será violado por ele.

Em Deuteronômio 26:17-19, vemos o modo de Deus trabalhar nessas circunstâncias: "Confessaste hoje o Senhor por teu Deus, e *te comprometeste* a andar em seus caminhos, e a guardar seus estatutos, e seus mandamentos, e seus juízos, e a ouvir sua voz; e hoje o Senhor te declara que és seu povo particular, como te prometeu, e que deves cumprir todos os seus mandamentos;

e que te exaltará acima de todas as nações que criou, em glória, e em fama, e em honra; e *isso* para que sejas povo santo ao Senhor, teu Deus, como o declarou".

Quando declaramos que o Senhor é nosso Deus e que andaremos em seus caminhos e *guardaremos* seus mandamentos, Ele nos declara que somos seus e que guardaremos todos os seus mandamentos. E, a partir desse momento, Ele nos toma para si. Esse sempre foi seu método de trabalho e continua sendo: "Toda coisa consagrada é santíssima ao Senhor" (Levítico 27:28). Isso é tão claro que não deixa margem para dúvida.

Mas, se a alma ainda se sente em dúvida ou em dificuldade, considere esta declaração do Novo Testamento que aborda o assunto sob uma ótica diferente, mas que o resolve, penso eu, de forma igualmente definitiva. Em 1João 5:14,15, está escrito: "E esta é a confiança que temos nele: se pedirmos alguma coisa segundo sua vontade, Ele nos ouve; e, se sabemos que Ele nos ouve em tudo o que pedimos, sabemos que *alcançamos* as petições que lhe fazemos". É segundo a vontade de Deus que você deve estar totalmente entregue a Ele? Certamente só pode haver uma resposta para isso, pois Ele o *ordenou*. Não é também de acordo com a sua vontade que Ele opera em você o querer e o fazer, segundo a sua boa vontade? Essa pergunta também só pode ter uma resposta, pois Ele declarou ser o seu propósito. Você sabe, então, que essas coisas estão de acordo com a vontade dele; portanto, com base na própria palavra de Deus, você é obrigado a saber que Ele ouve você. E, ao ter essa certeza, você é levado a ir além e reconhecer que já dispõe de todas as respostas às suas orações. Você já as *tem*, não é algo que terá no futuro, mas algo que tem agora, de forma concreta. É dessa maneira que nós "recebemos as promessas" pela fé. É assim que temos "acesso pela fé" à graça que nos é dada em nosso

Senhor Jesus Cristo. É assim, e somente assim, que conhecemos nosso coração "purificado pela fé" e somos capacitados a viver, permanecer e caminhar pela fé.

É meu desejo tornar esse assunto tão claro e prático que ninguém mais tenha dificuldade com ele, por isso repetirei, mais uma vez, quais devem ser as ações de sua alma, a fim de tirá-lo dessa dificuldade sobre a consagração.

Presumo que você já tenha confiado no Senhor Jesus para o perdão de seus pecados e que saiba o que significa fazer parte da família de Deus, sendo feito herdeiro de Deus pela fé em Cristo. E agora você sente brotar em seu coração o desejo de ser conformado à imagem do seu Senhor. Para isso, você sabe que deve haver uma entrega total de si mesmo a Ele, para que Ele possa realizar em você todo o beneplácito de sua vontade. Você já tentou fazer isso várias vezes, mas, até agora, sem êxito evidente. É aqui que eu quero ajudá-lo. O que você deve fazer agora é voltar, mais uma vez, a Ele, em uma entrega de todo o seu ser à sua vontade, tão completa quanto você souber fazer. Você deve pedir a Ele que revele a você, por meio de seu Espírito, qualquer rebelião oculta; e, se Ele não revelar nada, então você deve crer que não há nada, e que a entrega está completa. Esse, então, deve ser considerado um assunto resolvido; você se entregou completamente ao Senhor e, daqui em diante, você não pertence a si mesmo de forma alguma. Não permita que a tentação o faça duvidar se você realmente se entregou por completo. Nem mesmo discuta o assunto. Resista a isso, afirmando com firmeza que sim. Você quis isso naquele momento, você quer isso agora, você realmente fez isso. Suas emoções podem clamar contra a entrega, mas sua vontade deve permanecer firme. É a sua intenção que Deus observa, não seus sentimentos sobre essa intenção; e sua intenção, ou vontade, é, portanto, a única coisa com a qual você precisa se preocupar.

A entrega, então, após ser feita, nunca deve ser questionada ou desfeita. O próximo passo é acreditar que Deus aceita aquilo que você entregou e considerar que é dele. Não é uma questão de ser dele no futuro, mas, sim, no presente; Ele já começou a trabalhar em você, guiando seus desejos e ações conforme a sua vontade. E aqui você deve descansar. Nada mais há a fazer, exceto, daqui em diante, ser um filho obediente; pois você agora pertence ao Senhor, e está absoluta e inteiramente em suas mãos. Ele assumiu toda a responsabilidade por gerenciá-lo e formá-lo, e quer, de acordo com a sua palavra, que "vos aperfeiçoe em toda boa obra para fazerdes sua vontade, operando em vós o que é agradável à vista dele, por meio de Cristo Jesus" (Hebreus 13:21). Creia firmemente nisso. Se começar a questionar sua entrega ou a aceitação de Deus, sua fé fraca afetará sua experiência espiritual, dificultando a obra de Deus em você. Mas, enquanto você confia, Ele trabalha; e o resultado do trabalho de Deus sempre é transformá-lo na imagem de Cristo, de glória em glória, por meio de seu poderoso Espírito.

Então, neste exato instante, você se entrega completamente a Ele? Você responde: sim. Então, meu caro amigo, comece imediatamente a considerar que você é dele, que você foi recebido e que Ele está trabalhando em você para querer e fazer conforme a sua boa vontade. E continue considerando isso. Você descobrirá que é uma grande ajuda expressar essa consideração em palavras, e dizer repetidas vezes para si mesmo e para seu Deus: "Senhor, eu sou teu; eu me entrego completamente a ti, e acredito que tu me aceitas. Eu me entrego a ti. Trabalha em mim todo o beneplácito da tua vontade, e eu apenas me debruçarei em tuas mãos e confiarei em ti".

Faça disso um ato diário e deliberado da sua vontade, e lembre-se disso muitas vezes ao dia, mantendo-o como sua postura contínua diante do Senhor. Confesse isso para si mesmo. Confesse isso para o seu Deus. Confesse isso aos seus amigos. Afirme que o Senhor é seu Deus, contínua e inabalavelmente, e declare seu propósito de andar em seus caminhos e guardar seus estatutos; e, mais cedo ou mais tarde, você descobrirá na prática que Ele o declarou como um do seu povo peculiar, e o capacitará a guardar todos os seus mandamentos, e que você está sendo transformado em um "povo santo ao Senhor, teu Deus, como o declarou" (Deuteronômio 26:19).

> Pois estás me moldando, e te agradeço, Senhor.
> O que fizeste e fazes, bem sabes.
> E te ajudarei: suavemente em teu fogo
> continuarei queimando; em tua roda de oleiro
> girarei paciente, mesmo que meu cérebro esteja tonto;
> tua graça será suficiente para acalmar minha dor,
> e a força crescente será aperfeiçoada por meio da terrível
>   fraqueza.

Dificuldades relativas à fé

Após a consagração, o passo seguinte na progressão da alma para fora do deserto de uma experiência cristã vacilante, em direção à terra que mana leite e mel, é o da fé. E aqui, assim como na primeira etapa, a alma encontra imediatamente algumas dificuldades e alguns obstáculos.

O filho de Deus cujos olhos foram abertos para ver a plenitude que há em Jesus para ele, e cujo coração se sente faminto para se apropriar dessa plenitude, encontra a afirmação, por parte de cada líder espiritual a que se dirige, de que essa plenitude só pode ser recebida pela fé. No entanto, o tema da fé é envolto em um mistério tão desesperador para sua mente que essa afirmação, em vez de lançar luz sobre o caminho de entrada, parece apenas torná-lo ainda mais difícil e complicado.

"Claro que deve ser pela fé", diz ele, "pois eu sei que tudo na vida cristã é pela fé. Mas é exatamente isso que torna tão difícil, pois não tenho fé, nem mesmo sei o que é ou como obtê-la." E assim, perplexo, logo de início, diante dessa dificuldade insuperável, ele mergulha em escuridão e quase desespero.

DIFICULDADES RELATIVAS À FÉ

Esse problema surge do fato de que o tema da fé é, em geral, mal compreendido; na realidade, a fé é a coisa mais simples e clara do mundo, e o exercício mais fácil de ser realizado.

Parece que sua concepção de fé tem sido algo assim. Você a encarou de alguma forma como uma espécie de *coisa* — seja um exercício religioso da alma, seja uma disposição interior e graciosa do coração; algo tangível, na verdade, que, quando obtido, você pode contemplar e se alegrar, e usar como um passaporte para o favor de Deus, ou uma moeda com a qual comprar suas bênçãos. E você tem orado por fé, esperando o tempo todo obter algo assim; e, não recebendo algo do tipo, insiste que não tem fé. Mas, na verdade, a fé não é nem um pouco assim. Não é nada tangível. É simplesmente crer em Deus; e, como a visão, não é nada separado do seu objeto. Você poderia tentar fechar os olhos e olhar para dentro de si mesmo para verificar se tem visão, da mesma forma que poderia fazer o mesmo para descobrir se tem fé. Você vê algo e, assim, sabe que tem visão; você crê em algo e, assim, sabe que tem fé. Pois, assim como a visão é apenas ver, a fé é apenas acreditar. Assim como o essencial da visão é simplesmente enxergar as coisas como são, o cerne da crença é acreditar nelas conforme são. A verdadeira virtude não reside no ato de acreditar, mas, sim, naquilo em que se acredita. Se você acredita na verdade, está salvo; se você acredita em mentiras, está perdido. Em ambos os casos, o ato de acreditar é o mesmo; as coisas acreditadas são exatamente opostas, e é isso que faz toda a diferença. Sua salvação não vem porque sua fé salva, mas porque une você ao Salvador que salva; e seu ato de crer é realmente apenas a ponte.

Peço a você que reconheça a extrema simplicidade da fé: nada mais é do que simplesmente acreditar em Deus quando Ele diz que fez algo por nós, ou que fará; e, então, confiar que

Ele cumprirá sua palavra. É tão simples que é difícil de explicar. Se alguém me perguntar o que é confiar em outra pessoa para fazer um trabalho para mim, posso dizer que se resume a entregar o trabalho a essa pessoa e não se preocupar com isso, confiando esse trabalho em suas mãos. Com frequência, todos nós confiamos assuntos muito importantes a outros dessa forma e nos sentimos em perfeito descanso ao fazê-lo, devido à confiança que depositamos naqueles que assumiram as tarefas. Assim como as mães constantemente entregam seus bebês mais preciosos aos cuidados das enfermeiras, sem qualquer preocupação! Continuamente confiamos nossa saúde e nossa vida, sem temor, aos cozinheiros e cocheiros, maquinistas, condutores de trem e todo tipo de empregados remunerados, que têm total controle sobre nós e que poderiam, se assim o desejassem, ou mesmo se falhassem no cuidado necessário, nos lançar na miséria ou na morte em um só instante. E fazemos tudo isso sem questionar. Muitas vezes, ao menor conhecimento, confiamos nas pessoas dessa maneira, contando apenas com um entendimento básico da natureza humana e das normas sociais, e não percebemos que estamos fazendo algo extraordinário.

Você mesmo já fez isso, caro leitor, e está fazendo isso continuamente. Você não poderia viver entre seus semelhantes e passar pela rotina habitual da vida por um único dia se não fosse capaz de confiar neles, e não lhe ocorre dizer que não pode. Mas, ainda assim, você não hesita em dizer, constantemente, que não pode confiar em seu Deus! E você arranja desculpas, alegando que é "uma criatura fraca e pobre" e que "não tem fé".

Eu queria que você tentasse imaginar a si mesmo agindo em suas relações humanas da mesma forma que faz em suas relações espirituais. Suponha que você começasse amanhã com

DIFICULDADES RELATIVAS À FÉ

a ideia de que não poderia confiar em mais ninguém, porque não tem fé. Quando se sentasse para o café da manhã, você diria: "Não consigo comer nada dessa mesa, pois não tenho fé, e não consigo acreditar que o cozinheiro não colocou veneno no café, ou que o açougueiro não enviou para nossa casa carne estragada ou imprópria"; então, você ficaria faminto. Quando fosse realizar suas atividades diárias, você diria: "Não consigo viajar no trem, pois não tenho fé e, portanto, não consigo confiar no maquinista, nem no condutor, nem nos construtores dos vagões, nem nos administradores da estrada". E você teria de caminhar para todos os lugares, acabando exausto nesse esforço, e realmente incapaz de chegar aos lugares que poderia ter alcançado de trem. Quando seus amigos lhe dessem alguma informação, ou seu agente comercial lhe apresentasse uma conta, você diria: "Lamento, mas não consigo confiar em você, porque não tenho fé e nunca consigo confiar em ninguém". Se você abrisse um jornal, seria obrigado a fechá-lo novamente, dizendo: "Realmente não consigo acreditar em uma só palavra desse jornal, pois não tenho fé; não acredito que exista uma pessoa como a Rainha, pois nunca a vi; nem um país como a Irlanda, pois nunca estive lá. Não tenho fé, então é óbvio que não consigo acreditar em nada que não tenha experimentado ou tocado pessoalmente. É uma grande dificuldade, mas não posso evitar, porque não tenho fé".

Imagine só um dia assim e veja como seria desastroso para você, além de parecer uma tolice completa a qualquer pessoa que o visse passar por isso. Perceba como seus amigos se sentiriam insultados e como seus servos se recusariam a servir você por mais um dia. Então se pergunte: se essa falta de fé em seus semelhantes seria tão terrível e uma completa tolice, o que deve ser quando você diz a Deus que não tem poder para confiar nele, nem para crer em sua palavra; que é uma grande provação, mas você não pode evitar, "pois não tem fé".

É possível confiar em seus semelhantes e não confiar em seu Deus? Que você possa receber o "testemunho dos homens", e não consiga receber o "testemunho de Deus"; que você possa acreditar nos registros dos homens, e não consiga crer no registro de Deus; que você possa confiar seus interesses terrenos mais queridos a seus frágeis e falíveis semelhantes, sem medo algum, e tenha medo de confiar seus interesses espirituais ao Salvador que deu a vida por você, e do qual é declarado que Ele, "portanto, é também capaz de salvar perfeitamente os que por Ele se chegam a Deus, visto que vive sempre para interceder por eles" (Hebreus 7:25)?

Com certeza, com certeza, querido crente, você, cujo próprio nome de *crente* significa que você pode crer, nunca mais ousará se desculpar alegando que não tem fé. Quando você diz isso, obviamente está falando da falta de fé em Deus, pois ninguém espera que você tenha fé em si mesmo, e seria espiritualmente prejudicial se tivesse. Permita-me implorar-lhe, então, que, quando pensar ou disser essas coisas, sempre complete a declaração, dizendo: "Não tenho fé em: Deus! Não consigo acreditar em: Deus!", e tenho certeza de que isso logo se tornará tão terrível para você que não terá mais coragem de continuar.

Você afirma: "Não consigo crer sem o Espírito Santo". Muito bem; então, você conclui que sua falta de fé é culpa do Espírito Santo por não realizar sua obra? Se for esse o caso, você não é responsável e não precisa se sentir condenado; e todas as exortações para que você creia serão inúteis.

Mas não! Você não percebe que, ao adotar a posição de que não tem fé e não pode crer, isso não apenas o está tornando "mentiroso" (1João 1:10), mas também demonstrando completa falta de confiança no Espírito Santo? Pois Ele está sempre pronto

DIFICULDADES RELATIVAS À FÉ

para ajudar em nossas fraquezas. Nunca precisamos esperá-lo, pois Ele sempre está esperando por nós. E eu, por minha vez, tenho confiança absoluta no Espírito Santo e em sua prontidão para fazer sua obra, a ponto de me atrever a dizer a cada um de vocês que *podem*, sim, crer agora, neste exato momento; e, se não o fizerem, não é por culpa do Espírito, mas de vocês mesmos. Coloque sua vontade, então, do lado da fé. Diga: "Senhor, eu quero crer. Eu creio", e continue dizendo isso. Insista em crer, diante de cada sugestão de dúvida que se insinue. A partir de sua própria incredulidade, renda-se inteiramente à palavra e às promessas de Deus, e tenha coragem para confiar no poder de proteção e salvação do Senhor Jesus. Se você já confiou um interesse precioso nas mãos de um amigo terreno, suplico que confie agora a si mesmo e todos os seus interesses espirituais nas mãos de seu Amigo celestial, e nunca, *nunca*, nunca se permita duvidar novamente.

Lembre-se sempre de que há duas coisas completamente incompatíveis, até mais do que óleo e água: confiança e preocupação. Você consideraria um gesto de confiança entregar algo a um amigo para cuidar e passar dias e noites preocupado se seria feito corretamente e com sucesso? Da mesma forma, é possível chamar isso de confiança se, após confiar sua salvação ao Senhor e a proteção de sua alma, você passa, diariamente, horas a fio cheias de ansiedade e dúvidas? Quando um crente realmente confia em algo, deixa de se preocupar com aquilo em que confiou. E, quando ele se preocupa, é uma prova clara de que não confia. Testada por essa regra, percebe-se a falta de verdadeira confiança na igreja de Cristo! Não causa admiração que nosso Senhor tenha feito a seguinte pergunta preocupante: "Quando o Filho do homem vier, achará fé na terra?" (Lucas 18:8). Ele encontrará muito trabalho, muita seriedade e, sem dúvida, muitos corações consagrados; mas encontrará fé, a única coisa que ele valoriza mais do que tudo? Cada filho de Deus, por si mesmo, saberá como responder a essa pergunta. Se a resposta, para algum de vocês, for um triste "Não", permitam-me implorar que essa seja a última vez para dar tal resposta; e, se você já experimentou a fidelidade do nosso Senhor, que daqui para frente possa confirmar isso demonstrando sua confiança generosa nele!

Lembro-me de, no início da minha vida cristã, ter sentido em meu íntimo cada impulso terno e leal despertado, até às profundezas, por um apelo que encontrei em um volume de sermões antigos, para todos os que amavam ao Senhor Jesus, incentivando-os a demonstrar aos outros quanto Ele era digno de confiança, por meio da firmeza da própria fé nele. Enquanto eu lia aquelas palavras inspiradoras, acometeu-me um vislumbre repentino do privilégio e da glória de ser chamado a andar por caminhos tão escuros que apenas uma confiança absoluta seria possível!

"Vocês não passaram por este caminho antes", esse pode ser o caso; mas hoje é seu feliz privilégio demonstrar, como nunca, sua confiança leal em Jesus, ao iniciar uma vida e uma caminhada de fé ao seu lado.

Você confiou nele em algumas situações, e Ele não falhou com você. Confie também agora para tudo, e veja se Ele não faz por você muito mais, acima de tudo o que você poderia ter pedido ou até mesmo pensado, não de acordo com seu poder ou capacidade, mas de acordo com o poder majestoso de Deus, trabalhando em você todo o beneplácito de sua vontade mais abençoada.

Perceba que não é difícil confiar na maneira que o Senhor administra o universo e toda a criação externa. Seu caso, então, pode ser muito mais complexo e difícil do que esses, a ponto de você precisar se preocupar ou ficar ansioso sobre como Ele administra sua vida? Livre-se dessas dúvidas indignas! Firme-se

DIFICULDADES RELATIVAS À FÉ

no poder e na confiabilidade de seu Deus, e veja como todas as dificuldades desaparecerão rapidamente diante de uma determinação firme de fé. Confie em meio à escuridão, confie sob a luz, confie à noite e confie pela manhã, e você descobrirá que a fé, que talvez possa começar com um esforço poderoso, acabará se tornando, mais cedo ou mais tarde, o hábito fácil e natural da alma. É uma lei da vida espiritual que, sempre que confiamos, o próximo ato de confiança se torna ainda mais fácil, até que, se houver perseverança nesses atos, confiar se tornará, para a alma redimida, algo tão natural e inconsciente quanto respirar.

Portanto, é crucial que você decida crer com determinação. Sua fé não deve ser uma estultícia passiva, mas uma energia ativa. Talvez você tenha de crer contra todas as aparências; mas isso não importa. Firme-se como uma rocha e diga: "Eu vou crer, e sei que não serei frustrado". Somos "feitos participantes de Cristo, se conservarmos com firmeza, até ao fim, a confiança que primeiro tivemos" (Hebreus 3:14). Muitos falham exatamente nesse ponto. Eles têm um pequeno começo de fé, mas, então, surgem desencorajamentos, todas as "aparências" contrárias, suas dúvidas clamam cada vez mais alto e, no final, eles as deixam entrar; e, quando a dúvida entra pela porta, a confiança sempre voa pela janela.

Somos informados de que todas as coisas são possíveis para Deus, e de que todas as coisas também são possíveis para aquele que crê. No passado, homens de fé, "dominaram reinos, praticaram a justiça, alcançaram promessas, fecharam a boca de leões, extinguiram a violência do fogo, escaparam ao fio da espada, de *sua* fraqueza foram feitos fortes, foram valentes na batalha, puseram em fuga exércitos estrangeiros" (Hebreus 11:33,34) — e a fé pode fazer isso novamente. Pois nosso Senhor mesmo nos diz: "se tiverdes fé como um grão de mostarda, direis a este monte 'Passa daqui para lá', e passará; e nada vos será impossível" (Mateus 17:20).

Se você é verdadeiramente um filho de Deus, mesmo que sua fé seja tão pequena quanto um grão de mostarda, não pode mais dizer: "Não posso confiar porque não tenho fé". Em vez disso, declare: "Posso confiar no meu Senhor e escolho confiar nele; nenhum poder, seja da terra, seja do inferno, poderá abalar minha fé em meu maravilhoso, glorioso e fiel Redentor!".

A fé é a mais doce forma de adoração para aquele que
    ama profundamente
esconder seus esplendores insuportáveis na escuridão.
E confiar em tua palavra, querido Senhor, é verdadeiro amor,
    pois são mais atendidas as orações que parecem
        mais negadas.

Nossa fé abraça tudo o que nos contaste,
    e, capaz de suportar ainda mais, só pode lamentar.
Ela poderia suportar teu grandioso ser, Senhor,
    se o revelasses!
E o amor a faz desejar ter mais em que crer.

Portanto, permita que sua fé "abrace tudo o que Deus lhe disse" e, em cada momento sombrio, lembre-se de que, "ainda que por ora, se necessário for, estejais entristecidos por toda sorte de tentação" (1Pedro 1:6), é apenas como passar por um túnel. O sol não deixou de brilhar porque o viajante não o vê ao passar pelo túnel. O sol da justiça ainda está brilhando, embora você, em seu túnel escuro, não o veja. Seja paciente e confiante, e espere. Esse tempo de escuridão é permitido apenas "para que a prova de vossa fé, sendo muito mais preciosa que a do ouro que perece, ainda que provado pelo fogo, se ache em louvor, e honra, e glória na manifestação de Jesus Cristo" (1Pedro 1:7).

Dificuldades relativas à vontade

Quando o filho de Deus, por meio de total entrega e confiança absoluta, sai de si mesmo para Cristo e começa a experimentar um pouco da bem-aventurança da vida com Cristo, escondida em Deus, é comum enfrentar uma dificuldade particular que surge em seu caminho. Quando as primeiras sensações de paz e descanso diminuem um pouco, ou quando esses sentimentos, aparentemente, nunca surgem, a pessoa começa a ter uma sensação de irrealidade em relação às experiências pelas quais passou. Ela se sente como se estivesse agindo de forma hipócrita ao afirmar ou mesmo pensar que essas experiências são reais. Parece a essa pessoa que sua crença não vai além da superfície; que é uma crença da boca para fora e, portanto, desprovida de valor, e que sua rendição não é uma rendição do coração e, portanto, não pode ser aceitável para Deus. Alguém assim tem medo de dizer que pertence completamente ao Senhor, com receio de estar contando uma mentira; e, ainda assim, não consegue se convencer a dizer que não é dele, pois anseia por isso intensamente. A dificuldade é real e muito desanimadora.

No entanto, todas essas dificuldades podem ser facilmente superadas quando o cristão entende, de forma plena, os princípios da nova vida e aprende *como* devemos vivê-la. O pensamento comum é que essa vida com Cristo, escondida em Deus, deve ser vivida nas emoções e, consequentemente, toda a atenção da alma é direcionada a elas; e, conforme são satisfatórias ou não, a alma fica em paz ou perturbada. Agora, a verdade é que essa vida não deve ser vivida nas emoções de forma alguma, mas na vontade; e, portanto, se apenas a vontade permanecer firmemente ancorada em seu centro, a vontade de Deus, as instabilidades da emoção não vão perturbar nem afetar de forma alguma a realidade dessa vida.

Para deixar isso claro, tenho de explicar um pouco mais. Fénelon disse, em algum lugar, que "a verdadeira religião reside apenas na vontade". Com isso, ele quis dizer que, como a vontade é o poder dominante na natureza do homem, se estiver correta, todo o resto da natureza deve se harmonizar com ela. Por vontade, não me refiro ao desejo do homem, ou mesmo ao seu propósito, mas à escolha deliberada, ao poder decisivo, ao rei, ao qual tudo o que está no homem deve obedecer. É o homem, em suma, o *Ego*, aquilo que sentimos ser nós mesmos.

Às vezes, acredita-se que as emoções são o poder dominante em nossa natureza. No entanto, todos nós sabemos, pela experiência prática, que há algo dentro de nós, além de nossas emoções e desejos, um eu independente que, no fim das contas, decide e controla tudo. Nossas emoções são parte de nós, são experimentadas por nós, mas não nos definem; e, se Deus vai nos tomar para si, deve entrar nessa vontade ou personalidade central. Se Ele reina ali pelo poder de seu Espírito, todo o restante de nossa natureza deve submeter-se a Ele; e como a vontade é, assim é o homem.

DIFICULDADES RELATIVAS À VONTADE

A aplicação prática dessa verdade na dificuldade que estou abordando é significativa. Porque, com frequência, as decisões de nossa vontade entram em conflito direto com as decisões de nossas emoções. Se estamos acostumados a considerar nossas emoções como o critério decisivo, podemos facilmente nos sentir hipócritas ao afirmar como realidade aquilo que nossa vontade decidiu sozinha. Mas, quando compreendemos que a vontade é soberana, podemos ignorar qualquer coisa que se oponha a ela e considerar verdadeiras suas decisões, independentemente da rebelião das emoções.

Entendo que esse é um tema difícil de abordar; no entanto, sua importância prática na vida de fé é tão grande que peço a você, caro leitor, que não o evite até que o tenha compreendido por completo.

Talvez uma ilustração possa ajudá-lo. Um jovem inteligente, na busca por entrar nesta nova vida de fé, sentia-se desanimado ao se ver preso ao hábito arraigado de duvidar. Para suas emoções, nada parecia verdadeiro, nada parecia real; e, quanto mais ele lutava, mais irreal tudo se tornava. Foi-lhe revelado o seguinte segredo sobre a vontade: que, se ele apenas colocasse sua vontade do lado da fé, se escolhesse crer, se, em suma, dissesse a esse Ego de sua natureza "Eu vou crer! Eu creio!", não precisaria mais se preocupar com suas emoções, pois elas se veriam obrigadas, mais cedo ou mais tarde, a entrar em harmonia. "O quê!", disse ele, "Você quer dizer que posso escolher acreditar dessa maneira simples, quando nada parece ser verdadeiro para mim? E que esse tipo de crença será real?". "Sim", foi a resposta; "será". Fénelon disse que a verdadeira religião reside apenas na vontade; e ele quis dizer que, como a vontade de um homem é realmente o próprio homem, é claro que o que sua vontade faz, ele faz. Portanto, em relação a esse assunto, tudo que você precisa fazer é decidir crer no que Deus diz, pois ele diz isso, colocando sua vontade do lado dele, e ignorando os sentimentos que tornam tudo tão irreal. Deus não deixará de responder, mais cedo ou mais tarde, com sua revelação a tal fé.

O jovem parou por um instante e declarou solenemente: "Entendo e farei o que você disse. Não consigo controlar minhas emoções, mas posso controlar minha vontade; e a ideia de uma nova vida começa a parecer possível para mim, se é apenas minha vontade que precisa ser corrigida nesse aspecto. Posso entregar minha vontade a Deus, e farei isso".

Desse momento em diante, ignorando todas as acusações das emoções, que constantemente o reputavam como um hipócrita miserável, esse jovem manteve firmemente a decisão de sua vontade. Ele respondia a cada acusação afirmando continuamente que escolhia acreditar, pretendia acreditar e, de fato, acreditava; até que, ao fim de alguns dias, ele se viu triunfante, com cada emoção e cada pensamento trazidos cativos ao poder do Espírito de Deus, que havia tomado posse da vontade entregue nas mãos de Deus. Ele se manteve firme na *profissão* de sua fé sem vacilar, mesmo quando parecia que ele não tinha nenhuma fé verdadeira para se manter firme. Por vezes, todo o seu poder de decisão lhe era exigido para afirmar sua fé, pois isso ia de encontro a todas as evidências que seus sentidos ou emoções lhe ofereciam. Ele tinha compreendido que sua vontade era, essencialmente, ele mesmo, e que, ao mantê-la ao lado de Deus, estava fazendo tudo que se apresentava ao seu alcance, reconhecendo que apenas Deus poderia transformar suas emoções ou governar seu ser. O resultado foi uma das vidas cristãs mais extraordinárias que eu já vi, em sua maravilhosa simplicidade, direção e poder sobre o pecado.

O segredo está justamente nisto: nossa vontade, que é o motor de todas as nossas ações, esteve no passado sob o controle do pecado e do ego, que agiam em nós conforme sua vontade. Mas agora Deus nos chama para entregarmos nossa vontade a Ele, para que Ele possa assumir o controle e trabalhar em nós o querer e o realizar conforme sua boa vontade. Se obedecermos a esse chamado e nos apresentarmos a Ele como sacrifício vivo, Ele tomará posse de nossa vontade submetida a Ele e começará imediatamente a trabalhar em nós "por Jesus Cristo, para si mesmo, segundo o beneplácito de sua vontade" (Efésios 1:5), dando-nos a mente que estava em Cristo e transformando-nos à sua imagem (veja Romanos 12:1-2).

Vamos dar outro exemplo. Uma senhora que havia iniciado nessa vida escondida com Cristo enfrentou uma provação iminente. Todas as suas emoções se rebelaram contra isso; e, se ela considerasse que suas emoções a governavam, ficaria completamente desesperada. Mas ela havia aprendido o segredo da vontade e, sabendo que, no fundo, era ela mesma quem realmente escolhia a vontade de Deus como sua prioridade, ela não deu a menor atenção às próprias emoções. Em vez disso, insistiu em enfrentar cada pensamento sobre a provação, repetindo as seguintes palavras: "Que seja feita a tua vontade! Que seja feita a tua vontade!", afirmando, diante de todos os seus sentimentos rebeldes, que ela submetia sua vontade à de Deus, que essa era a sua escolha e que a vontade do Senhor seria — e era — seu prazer! O resultado foi que, em um período incrivelmente curto, cada pensamento foi trazido à submissão, e ela começou a encontrar até mesmo suas próprias emoções se regozijando na vontade de Deus.

Mais um caso. Havia uma mulher que tinha um pecado persistente, que ela amava profundamente em suas emoções, mas que o odiava em sua vontade. Crendo que estava necessariamente sob o controle de suas emoções, ela acreditava plenamente que não conseguiria vencê-lo, a menos que primeiro mudasse suas emoções. Mas ela aprendeu esse segredo sobre a vontade e, indo para seu lugar de oração, disse: "Senhor, tu vês que, com minhas emoções, amo este pecado, mas, nas profundezas de meu íntimo, eu o odeio. Até então, minhas emoções tiveram o domínio; mas agora coloco minha vontade em tuas mãos e a entrego ao teu trabalho. Nunca mais consentirei em ceder a esse pecado em minha vontade. Toma posse da minha vontade e opera em mim para que eu possa querer e agir segundo a tua boa vontade".

Imediatamente, ela começou a experimentar libertação. Deus assumiu o controle da vontade que ela entregou e começou a agir em seu interior com seu próprio poder. Sua vontade naquela questão dominou suas emoções, e ela se viu liberta, não pelo cumprimento de um mandamento externo, mas pelo poder interno do Espírito de Deus, "operando em vós o que é agradável à vista dele" (Hebreus 13:21).

E agora, querido cristão, deixe-me mostrar como aplicar esse princípio às suas dificuldades. Pare de considerar suas emoções, pois elas são apenas servas; e concentre-se simplesmente em sua vontade, que é o verdadeiro rei em seu ser. Ela está entregue a Deus? Ela está em suas mãos? Sua vontade decide crer? Sua vontade escolhe obedecer? Se esse for o caso, então você está nas mãos do Senhor, e você decide crer e escolhe obedecer; pois sua vontade é você mesmo. E está feito. A transação com Deus é tão verdadeira quando apenas sua vontade age quanto no momento em que cada emoção coincide. Pode não parecer tão tangível para você, mas, aos olhos de Deus, é completamente real. E quando você descobre que não precisa prestar atenção às suas emoções, mas simplesmente ao estado de sua vontade, todos os mandamentos das Escrituras, para

DIFICULDADES RELATIVAS À VONTADE

se entregar a Deus, para se apresentar como sacrifício vivo a Ele, para permanecer em Cristo, para andar na luz, para morrer para si mesmo, tornam-se possíveis para você; pois você está consciente de que, em todos esses aspectos, sua vontade pode agir e assumir o lado de Deus; por outro lado, se fossem suas emoções que tivessem de agir assim, você estaria à mercê do desespero, por saber que elas são totalmente incontroláveis.

Então, quando esse sentimento de irrealidade ou hipocrisia surgir, não se preocupe com isso. Está apenas no campo de suas emoções, e não vale a pena dar atenção a isso. Apenas certifique-se de que sua vontade esteja nas mãos de Deus, que seu eu interior está entregue ao seu trabalho, que sua escolha, sua decisão, está do lado dele; e deixe estar. Suas emoções tumultuadas, como um navio ancorado que, aos poucos, vai cedendo ao puxão constante do cabo, ao se alinharem ao poderoso poder de Deus por meio da escolha de sua vontade, inevitavelmente se submeterão e prestarão lealdade a ele; e, mais cedo ou mais tarde, você experimentará a veracidade da seguinte afirmação: "Se qualquer homem quiser fazer a vontade dele, saberá se a doutrina é de Deus" (João 7:17).

A vontade pode ser comparada a uma mãe sábia em um berçário, enquanto os sentimentos são como um grupo de crianças barulhentas e chorosas. A mãe escolhe seguir determinado caminho, o caminho que ela considera correto e melhor. As crianças reclamam e declaram que não será assim. As crianças protestam e declaram que não seguirão esse caminho. Mas a mãe, ciente de que ela é a líder, e não as crianças, prossegue em seu caminho amorosa e calmamente, apesar de todos os protestos dos filhos. O resultado é que, mais cedo ou mais tarde, as crianças são convencidas a seguir o caminho da mãe, a concordar com suas decisões, e tudo volta a ter harmonia e felicidade. Mas, se a mãe permitisse, por um momento sequer, que as crianças fossem as responsáveis em vez dela, a confusão se instalaria sem controle. Da mesma forma, quantas almas neste momento estão mergulhadas em confusão simplesmente porque os sentimentos é que assumiram o comando, e não a vontade.

Portanto, lembre-se de que o que realmente importa em sua experiência é o que sua vontade decide, e não o veredicto de suas emoções. Você está em muito mais perigo de ser hipócrita e desonesto ao ceder às afirmações de seus sentimentos do que ao manter firme a decisão de sua vontade. Assim, se sua vontade está do lado de Deus, você não está sendo hipócrita ao afirmar, neste momento, a abençoada realidade de pertencer completamente a Ele, ainda que todas as suas emoções declarem o contrário.

Estou convencida de que, ao longo de toda a Bíblia, as referências ao "coração" não se relacionam com as emoções, como entendemos atualmente, mas, sim, com a vontade, a personalidade do homem, o próprio âmago de seu ser; e que o objetivo das interações de Deus com o homem é que esse "Eu" possa ser entregue a Ele, e que toda essa vida central seja totalmente controlada por Ele. Não são os sentimentos do homem que Deus quer, mas o próprio homem.

Não cometamos erros aqui. Quando digo que devemos "entregar" nossa vontade, não quero dizer que devemos ficar sem vontade alguma. Não devemos abandonar nossa vontade a ponto de nos tornarmos criaturas sem vontade, sem energia. Simplesmente devemos substituir nossa vontade tola e mal direcionada, marcada por ignorância e imaturidade, pela vontade superior, divina e madura de Deus. Se atribuirmos destaque à palavra "nossa", entenderemos melhor. A vontade que devemos abandonar é a nossa própria vontade, quando está desalinhada e separada da vontade de Deus, não a nossa vontade quando está em sintonia com a vontade dele; pois, quando nossa vontade está em harmonia com a de Deus, quando tem o selo da unidade com Ele, é errado abandoná-la.

A criança precisa renunciar à vontade mal orientada que é própria de sua condição de *criança*, e não podemos permitir que ela diga "eu quero" ou "eu não quero". Mas, quando sua vontade está alinhada com a nossa, queremos que ela diga "eu quero" ou "eu não quero" com toda a força que tem.

Quando Deus está "trabalhando em nós o querer", devemos nos firmar como uma pedra para cumprir essa vontade e devemos responder com um enfático "eu quero" a cada "Tu farás" dele. Afinal, Deus só pode cumprir sua vontade em nós quando concordamos e desejamos em harmonia com Ele.

Você assim consentiu, caro leitor, e a expressão do seu rosto está firme como uma pedra para querer o que Deus deseja? Ele deseja que você se entregue totalmente a Ele e confie nele perfeitamente. Você deseja o mesmo?

Mais uma vez, vou repetir: tudo depende da vontade. Como disse Fénelon: "Desejar amar a Deus é o cerne da religião". Portanto, se você deu os passos de entrega e fé com a própria vontade, é legítimo crer, mesmo agora, a despeito de qualquer clamor de seus sentimentos, que você pertence inteiramente ao Senhor e que Ele já começou a "operar em vós tanto o querer quanto o realizar segundo *seu* beneplácito" (Filipenses 2:13).

Quando este capítulo foi escrito pela primeira vez, alguns anos atrás, o pastor Theodore Monod, de Paris, compartilhou comigo um notável exemplo prático que ilustra seu ensinamento. Trata-se da experiência de um ministro presbiteriano, a qual o Pastor Monod havia guardado cuidadosamente por muitos anos:

O SEGREDO DA VERDADEIRA FELICIDADE

Newburgh, 26 de setembro de 1842

Caro irmão, reservei alguns momentos do tempo dedicado ao Senhor para lhe escrever uma breve carta, como seu servo. É reconfortante sentir que pertencemos totalmente ao Senhor, que Ele nos acolheu e nos chamou de seus. Este é o cerne da religião: renunciar ao princípio da autossuficiência e adotar plenamente o sentimento duradouro de pertencer inteiramente a Ele. "Eu não pertenço a mim, fui comprado por um preço". Desde a última ocasião em que nos vimos, tenho avançado bem, embora nada de notável tenha acontecido em minha experiência sobre a qual eu possa falar. Na verdade, não sei se é melhor esperar que aconteçam coisas extraordinárias; em vez disso, procuro ser santo, assim como Deus é santo, seguindo firmemente em direção à meta do prêmio.

Não me sinto qualificado para instruí-lo; só posso contar o caminho que eu mesmo segui. O Senhor lida de maneira diferente com cada alma, e não devemos tentar copiar a experiência alheia; no entanto, existem certas coisas que devem ser observadas por todos que buscam ter um coração puro.

Deve haver uma consagração pessoal de tudo a Deus; uma aliança feita com Deus de que seremos totalmente e para sempre dele. Eu fiz isso intelectualmente, sem nenhuma mudança em meus sentimentos, com um coração cheio de dureza e escuridão, incredulidade, pecado e insensibilidade.

Eu fiz uma aliança para ser do Senhor e coloquei tudo no altar, um sacrifício vivo, na medida do que eu podia. E, depois de me levantar dos joelhos, não percebi nenhuma mudança em meus sentimentos. Estava dolorosamente consciente de que não houvera mudança. Mas, ainda assim, estava certo de que fiz, com toda a sinceridade e toda a honestidade de propósito que eu tinha, uma consagração completa e eterna de mim mesmo a Deus. Naquele momento, não vi absolutamente o trabalho como concluído, mas

DIFICULDADES RELATIVAS À VONTADE

me comprometi a permanecer em um estado de devoção total a Deus, como um sacrifício vivo contínuo. Então, veio o esforço para agir assim.

Eu também reconhecia que precisava crer que Deus me aceitava e habitava em meu coração. Apesar de estar consciente de que não cria nisso, eu desejava sinceramente alcançar essa convicção. Em meio à oração, li atentamente 1João, buscando fortalecer meu coração na certeza do amor de Deus por mim como indivíduo. Eu percebia que meu coração estava cheio de maldade. Parecia que eu não tinha poder para superar o orgulho ou para repelir os maus pensamentos que eu abominava. Mas Cristo se manifestou para destruir as obras do diabo, e estava claro que o pecado em meu coração era obra do diabo. Assim, fui capacitado a crer que Deus estava operando em mim, impulsionando-me a querer e a realizar, enquanto eu mesmo buscava com temor e tremor minha própria salvação.

Reconheci, então, o pecado da incredulidade, que transformava o Deus fiel em um mentiroso. O Senhor me confrontou com os pecados que me dominavam, especialmente o hábito de pregar a mim mesmo em vez de Cristo, e de me satisfazer com pensamentos egoístas após a pregação. Fui capacitado a abandonar minha busca por reconhecimento pessoal e a buscar apenas a honra que vem de Deus. Satanás lutou com afinco para me afastar da Rocha Eterna; no entanto, graças a Deus, finalmente descobri o segredo de viver um dia de cada vez e, então, encontrei descanso.

◆ ◆ ◆

A cada instante, passei a me sentir completamente dependente da graça de Cristo. Eu não permitiria que o adversário me perturbasse com o passado ou com o futuro, pois, vez após vez, eu buscava provisão para aquele momento. Concordei que seria filho de Abraão e

O SEGREDO DA VERDADEIRA FELICIDADE

caminharia pela fé nua e crua na palavra de Deus, e não movido por sentimentos e emoções interiores; eu procuraria ser um cristão da Bíblia. Desde então, o Senhor me concedeu vitória constante sobre os pecados que antes me escravizavam. Deleito-me no Senhor e em sua palavra, deleito-me em meu trabalho como ministro; minha comunhão é com o Pai e com Jesus Cristo, seu Filho. Sou um bebê em Cristo; sei que meu progresso tem sido pequeno, comparado ao de muitos. Meus sentimentos variam; mas, quando tenho sentimentos, louvo a Deus e confio em sua palavra; e, quando estou vazio e meus sentimentos se vão, faço o mesmo. Afinal, concordei em andar pela fé, e não pelos sentimentos.

O Senhor, creio, está começando a avivar sua obra entre meu povo. "Louvado seja o Senhor!" Que o Senhor o encha com toda a sua plenitude e lhe dê toda a mente de Cristo. Oh, seja fiel! Ande diante de Deus e seja perfeito. Pregue a palavra. Esteja pronto em toda ocasião, seja oportuna ou não. O Senhor o ama. Ele trabalha com você. Descanse sua alma completamente nesta promessa: "e eis que estou sempre convosco, até a consumação dos séculos" (Mateus 28:20).

Seu companheiro de guerra,
William Hill

CAPÍTULO
8

Dificuldades relativas à orientação

Agora você deu início, querido leitor, à vida de fé. Você se entregou completamente ao Senhor para pertencer totalmente a Ele, e está inteiramente em suas mãos para ser moldado e formado de acordo com seu propósito divino, em um vaso para sua honra. O que você mais quer é segui-lo aonde quer que Ele o leve e ser completamente flexível em suas mãos; você confia em Deus para operar "em vós tanto o querer quanto o realizar segundo *seu* beneplácito" (Filipenses 2:13). Mas você encontra uma grande dificuldade aqui. Você ainda não aprendeu a reconhecer a voz do Bom Pastor e, portanto, está em grande dúvida e perplexidade quanto ao que realmente é a sua vontade para sua vida.

Talvez existam alguns caminhos para os quais Deus parece estar chamando você, mas que seus amigos desaprovam. E talvez esses amigos sejam mais experientes na vida cristã do que você e pareçam estar muito mais avançados. É difícil para você discordar deles ou causar-lhes angústia; e você também se sente inseguro ao ceder a qualquer impressão de dever que eles não aprovem. No entanto, você não consegue se livrar dessas impressões e, portanto, vê-se mergulhado em grande dúvida e desconforto.

Para a alma totalmente entregue, há uma saída para todas essas dificuldades. Quero enfatizar *completamente* entregue, porque, se houver reserva de vontade em qualquer ponto, torna-se quase impossível descobrir a vontade de Deus sobre esse ponto específico; e, portanto, a primeira coisa é ter certeza de que você realmente se propõe a obedecer ao Senhor em todos os aspectos. No entanto, se esse for o seu propósito, e se sua alma precisa apenas conhecer a vontade de Deus para concordar com ela, então não há motivo algum para duvidar de que Ele esteja disposto a revelar a sua vontade e orientá-lo no caminho certo. Há muitas promessas claras a esse respeito. Por exemplo, João 10:3-4: "A Ele o porteiro abre; e as ovelhas ouvem-lhe a voz, e Ele chama as próprias ovelhas pelo nome e as conduz para fora. E, quando Ele leva suas ovelhas para fora, vai adiante delas, e as ovelhas o seguem, pois conhecem sua voz". Ou João 14:26: "Mas o Consolador, que é o Espírito Santo, que o Pai enviará em meu nome, ele vos ensinará todas as coisas e vos trará à lembrança todas as coisas, tudo o que vos disse". Ou Tiago 1:5: "Se a algum de vós falta sabedoria, peça-a a Deus, que a todos os *homens* dá liberalmente, e sem reprovação, e lhe será concedida".

Com declarações desse tipo, e muitas outras semelhantes, devemos confiar que a orientação divina nos é prometida, e que nossa fé, portanto, deve buscá-la e esperá-la com confiança. Isso é essencial, pois, em Tiago 1:6-7, somos instruídos: "Mas peça-a com fé, em nada duvidando; pois o que duvida é como uma onda do mar levada pelo vento e lançada de uma parte para outra. Não pense tal homem que receberá qualquer coisa do Senhor".

DIFICULDADES RELATIVAS À ORIENTAÇÃO

Antes de tudo, resolva essa questão e não deixe que qualquer dúvida o impeça de ter a fé firme nisto: a orientação divina foi prometida e, se você a buscar, certamente a receberá.

Em seguida, é importante lembrar que nosso Deus tem todo conhecimento e toda sabedoria, o que significa que é muito possível que Ele nos guie por caminhos que, aos olhos humanos limitados, talvez pareçam confusos ou prejudiciais, mas que *Ele* sabe que trarão grandes bênçãos. Você deve reconhecer o fato de que os pensamentos de Deus não são como os do homem, nem seus caminhos se assemelham aos do homem; e que somente Ele, que conhece o fim das coisas desde o princípio, pode julgar plenamente os resultados de nossas ações. Você deve, portanto, perceber que o próprio amor de Deus por você talvez possa levá-lo a agir em desacordo com os desejos amorosos até mesmo de seus amigos mais queridos. Você deve aprender, com suporte em Lucas 14:26-33 e passagens similares, que, para ser um discípulo e seguidor do seu Senhor, você pode ser chamado a abandonar interiormente tudo o que tem, até mesmo pai ou mãe, irmão ou irmã, marido ou esposa, ou até mesmo a própria vida. A menos que você reconheça claramente essa possibilidade, estará muito propenso a enfrentar dificuldade, porque, com frequência, acontece que o filho de Deus que entra nessa vida de obediência, vez ou outra, encontre-se em situações que não são aprovadas por aqueles a quem mais amam; e, a menos que você esteja preparado para isso e possa confiar no Senhor em meio a tudo isso, dificilmente saberá o que fazer.

Mas, com todos esses pontos já estabelecidos, chegamos agora à questão de como a orientação de Deus virá até nós e de como poderemos reconhecer sua voz. Existem quatro maneiras pelas quais Ele revela sua vontade a nós: por meio das Escrituras, das circunstâncias providenciais, do discernimento de nossa própria consciência e das impressões internas do Espírito Santo em nossa mente. Quando esses quatro se harmonizam, é seguro afirmar que Deus fala. Pois estabeleço como um princípio fundamental — um princípio que ninguém pode contestar — que é claro que sua voz sempre estará em harmonia consigo mesma, não importando de quantas maneiras diferentes Ele possa falar. As vozes podem ser muitas, mas a mensagem é apenas uma. Se Deus me diz em uma voz para fazer ou deixar de fazer algo, Ele não vai me dizer o oposto com outra voz. Se houver uma contradição nas vozes, os falantes não podem ser os mesmos. Portanto, minha regra para distinguir a voz de Deus seria submetê-la ao teste dessa harmonia.

As Escrituras vêm em primeiro lugar. Se você estiver em dúvida sobre qualquer assunto, deve, antes de tudo, consultar a Bíblia a respeito e ver se existe alguma lei ali para orientá-lo. Até que a vontade de Deus, conforme revelada nas Escrituras, seja encontrada e obedecida, não se deve buscar nem esperar uma revelação pessoal direta. Muitos erros graves na busca por orientação ocorrem pela negligência dessa regra simples. Onde nosso Pai nos deu uma direção clara sobre algo nas Escrituras, Ele não fará uma revelação especial sobre o assunto. Se falharmos em buscar a orientação das Escrituras, e em obedecer a ela, quando houver uma, e procurarmos, em vez disso, uma voz interior, correremos o risco de nos iludir e cair em erro. Por exemplo, ninguém precisa ou deveria esperar uma revelação direta para não roubar, pois Deus já deixou sua vontade bem clara nas Escrituras sobre o assunto. Isso parece algo tão óbvio que eu não falaria a esse respeito, mas, com frequência, já encontrei cristãos que o ignoraram completamente e que, em decorrência disso, entregaram-se ao fanatismo. Conheci uma cristã sincera que tinha o texto "tudo é vosso" (1Coríntios 3:21)

DIFICULDADES RELATIVAS À ORIENTAÇÃO

tão fortemente gravado em sua mente que ela achava que era um comando direto para roubar um dinheiro pertencente a um amigo; e, após intensa luta, ela obedeceu a essa orientação aparente, embora, claro, com resultados muito dolorosos depois. Se ela tivesse submetido sua "orientação" ao ensinamento claro das Escrituras sobre o roubo, teria sido salva.

É verdade que a Bíblia nem sempre fornece uma regra específica para cada ação, e, nesses casos, precisamos e devemos buscar orientação de outras maneiras. No entanto, as Escrituras são mais detalhadas do que muitos imaginam, e é possível encontrar nelas direção clara para diversos aspectos importantes da vida. Por exemplo, sobre o tema da vestimenta, temos 1Pedro 3:3-4; 1Timóteo 2:9. Sobre conversação, temos Efésios 4:29 e 5:4. Em relação à vingança de injúrias e à defesa dos nossos direitos, temos Romanos 12:19-21, Mateus 5:38-48 e 1Pedro 2:19-21. Sobre perdoar uns aos outros, temos Efésios 4:32 e Marcos 11:25-26. Sobre conformar-se com o mundo, temos Romanos 12:2, 1João 2:15-17 e Tiago 4:4. Sobre ansiedades de todos os tipos, temos Mateus 6:25-34 e Filipenses 4:6-7.

Trago esses exemplos apenas para mostrar quão completa e prática é a orientação da Bíblia. Portanto, se você se encontrar confuso, primeiro busque e veja se a Bíblia fala sobre o assunto, pedindo a Deus para que esclareça, pelo poder de seu Espírito, por meio das Escrituras, qual é a sua vontade. E você deve obedecer a tudo que lhe soar como um ensino claro. Nenhuma orientação especial será dada sobre um ponto em que as Escrituras são explícitas, nem qualquer orientação pode ser contrária às Escrituras.

É importante lembrar que a Bíblia consiste em princípios, não em aforismos isolados. Às vezes, aparentemente, textos soltos podem justificar coisas que vão contra os princípios das

Escrituras. Eu acredito que todo fanatismo surge desse modo. Um único texto pode ser fixado na mente de tal forma que pareça necessário obedecer a ele, ainda que conduza a algo errado; assim, os princípios bíblicos são violados em nome da obediência às Escrituras. Em Lucas 4, o inimigo recorre a textos isolados para apoiar suas tentações, enquanto Cristo resiste anunciando princípios.

Se, no entanto, após buscar na Bíblia, você não encontrar princípios que resolvam seu ponto específico de dificuldade, então deve procurar orientação nas alternativas mencionadas; e Deus certamente se manifestará a você, seja por uma convicção de sua consciência, por circunstâncias providenciais ou por uma clara percepção interior. Em toda orientação verdadeira, essas quatro vozes, como eu disse, necessariamente se harmonizarão, pois Deus não pode dizer em uma voz algo que contradiz em outra. Assim, se você sente certa inclinação para agir, deve verificar se está em conformidade com as Escrituras, se essa tendência é confirmada por seu próprio discernimento interior e, como costumamos dizer, se o "caminho se abre" para sua realização. Se algum desses testes falhar, não será seguro prosseguir, mas você deve esperar em confiança serena até que o Senhor lhe mostre o ponto de harmonia, o que certamente fará, mais cedo ou mais tarde, se for sua voz que estiver falando. Portanto, qualquer coisa que esteja fora dessa harmonia divina deve ser rejeitada, como não proveniente de Deus. Pois nunca devemos esquecer que "percepções" podem vir de outras fontes além do Espírito Santo. A personalidade forte daqueles ao nosso redor é a fonte de boa parte de nossas percepções. As percepções também podem ser influenciadas por nossas condições físicas inadequadas, que distorcem as coisas mais do que percebemos. E, por fim, as percepções vêm desses inimigos

DIFICULDADES RELATIVAS À ORIENTAÇÃO

espirituais, que parecem estar à espreita de todo viajante que busca entrar nas regiões mais elevadas da vida espiritual. Na mesma epístola que nos diz que estamos assentados em "lugares celestiais, em Cristo Jesus" (Efésios 2:6), também nos é dito que teremos de lutar ali com inimigos espirituais (Efésios 6:12). Esses inimigos espirituais, independentemente de quem eles sejam, necessariamente se comunicarão conosco por meio de nossas faculdades espirituais; e sua voz, portanto, será, como a voz de Deus, uma percepção interna produzida em nosso espírito. Em consequência, assim como o Espírito Santo pode nos dizer por meio de percepções qual é a vontade de Deus a nosso respeito, também esses inimigos espirituais nos dirão, por meio de percepções, qual é a vontade deles a nosso respeito, disfarçando-se, é claro, de "anjo de luz" (2Coríntios 11:14), fingindo ter o propósito de nos conduzir para mais perto de Deus.

Assim, muitos filhos de Deus sinceros e honestos têm sido levados a caminhos de extremo fanatismo, enquanto pensavam estar seguindo de perto o Senhor. Embora Deus, que conhece a sinceridade de seus corações, possa certamente ter compaixão e perdoar, as consequências nesta vida frequentemente são tristes. Não basta ter uma "orientação"; devemos descobrir a origem dessa orientação antes de seguir adiante. Igualmente, não é suficiente que a orientação seja muito "notável", ou que as coincidências sejam muito marcantes, para atribuí-la, com toda a certeza, a Deus. Ao longo da história, as agências do mal e do engano têm sido capazes de realizar milagres, prever eventos, revelar segredos e dar "sinais"; e o povo de Deus sempre foi enfaticamente alertado sobre o perigo de ser enganado por esses meios.

Portanto, é essencial que todas as nossas "orientações" sejam testadas pelos ensinamentos das Escrituras. Mas isso, por si só, não é suficiente. Elas também devem ser testadas por nosso próprio julgamento espiritualmente iluminado, ou o que é comumente chamado de "bom senso".

Pelo que observo, em todas as passagens, as Escrituras enfatizam como algo essencial para os filhos de Deus, em sua jornada por este mundo, o uso de todas as faculdades que lhes foram dadas. Eles devem usar suas faculdades externas para a caminhada externa; e suas faculdades internas, para sua caminhada interna. E seria tão ilógico esperar ser "protegido" de bater os pés contra uma pedra no mundo exterior caminhando de olhos vendados quanto ser "protegido" de tropeços espirituais ao ignorar o bom senso e o discernimento em sua vida interior.

Alguns podem questionar: "Mas imaginava que não deveríamos depender de nossa compreensão humana nas coisas divinas". Para responder a isso, eu diria que não devemos confiar em nossa compreensão humana não iluminada, mas, sim, no discernimento e no bom senso humanos, que são iluminados pelo Espírito de Deus. Ou seja, Deus falará conosco por meio das faculdades que Ele mesmo nos deu, e não à parte delas; assim como devemos usar nossos olhos exteriores em nossa caminhada exterior, independentemente de quão cheios de fé estejamos, também devemos usar, interiormente, os "olhos de nosso entendimento" em nossa jornada interior com Deus.

O terceiro teste ao qual nossas percepções devem ser submetidas é o das circunstâncias providenciais. Se uma "orientação" é de Deus, o caminho sempre se abrirá a ela. Nosso Senhor nos assegura disso quando diz, em João 10:4: "E, quando Ele leva suas ovelhas para fora, *vai adiante delas*, e as ovelhas o *seguem*, pois conhecem sua voz". Observe aqui as expressões "vai adiante" e "seguem". Ele vai adiante para abrir um caminho; quanto a nós, devemos seguir no caminho que foi aberto. Quando o cristão tenta abrir o próprio caminho, ignorando

DIFICULDADES RELATIVAS À ORIENTAÇÃO

todas as coisas que se opõem, isso nunca é um sinal de orientação divina. Se o Senhor "vai adiante" de nós, abrirá a porta, e nós não precisaremos arrombá-la por conta própria.

O quarto ponto a considerar é que, assim como devemos testar nossas percepções pelas outras três vozes, essas mesmas vozes também devem ser avaliadas por nossas percepções internas. Se sentirmos certa "hesitação em nossa mente" em relação a algo, devemos aguardar até que isso seja dissipado antes de agir. Um cristão que havia progredido rapidamente na vida espiritual compartilhou comigo seu segredo simples: "Sempre presto atenção aos sinais de alerta". Não devemos ignorar nossas percepções internas, nem desprezá-las, assim como não devemos fazer com as outras três vozes mencionadas.

Toda dádiva espiritual peculiarmente valiosa está, de forma inevitável, atrelada a algum perigo peculiar. Quando o mundo espiritual se revela a uma alma, tanto o bem como o mal estarão presentes. No entanto, não devemos desanimar por isso. Quem não prefereria assumir a maturidade, com todos os seus riscos e perigos, a permanecer para sempre na ignorância e na inocência da infância? E quem não preferiria crescer para a estatura de Cristo, ainda que isso envolva formas novas e mais sutis de tentação?

Portanto, não devemos deixar de abraçar o abençoado privilégio da orientação divina por medo dos perigos que o cercam. Com os quatro testes que mencionei e um sentido divino de "dever", proveniente da harmonia de todas as vozes de Deus, não há razão para temer. Para mim, parece que a felicidade e a alegria dessa comunicação direta da vontade de Deus conosco são alguns dos nossos maiores privilégios. O fato de Deus se *importar* suficientemente conosco a ponto de desejar regular os detalhes de nossa vida é a prova mais forte de amor que

O SEGREDO DA VERDADEIRA FELICIDADE

Ele poderia dar; e o fato de Ele ter a boa vontade de nos contar tudo a esse respeito, e nos deixar saber exatamente como viver e andar para agradar perfeitamente a Ele, parece quase bom demais para ser verdade. Nunca nos importamos com os pequenos detalhes da vida das pessoas, a menos que as amemos. É indiferente para nós o que a maioria das pessoas que encontramos fazem, ou de que forma passam o tempo. Mas, assim que começamos a amar alguém, passamos imediatamente a nos importar. A lei de Deus, portanto, é apenas outro nome para o amor de Deus; e, quanto mais minuciosamente essa lei se aprofunda nos detalhes de nossa vida, mais certeza temos da profundidade e da realidade do amor. Até que tenhamos aprendido a importância de sermos guiados diária e constantemente, não seremos capazes de experimentar inteiramente a alegria e os privilégios da vida com Cristo escondida em Deus.

A promessa de Deus é que Ele trabalhará em nós tanto o querer como o realizar, segundo a sua boa vontade. Isso significa, é claro, que Ele tomará posse da nossa vontade e a trabalhará em nosso favor; e que suas sugestões virão até nós, não como ordens externas, mas como desejos que surgem de dentro. Elas terão origem em nossa vontade; vamos sentir como se *desejássemos* fazer isso ou aquilo, não como se fosse uma *obrigação*. Isso nos concede liberdade perfeita no serviço a Deus, pois sempre é mais fácil fazer o que desejamos genuinamente, ainda que as circunstâncias envolvidas sejam difíceis. Toda mãe sabe que poderia garantir uma obediência perfeita e dócil em seu filho se simplesmente pudesse entrar na vontade dele e trabalhasse por ele, fazendo com que ele mesmo queira fazer as coisas que ela deseja que ele faça. E isso é o que nosso Pai, na nova dispensação, faz por seus filhos: Ele diz "porei minhas leis em seu coração, e em sua mente" (Hebreus 10:16), para que nosso afeto

DIFICULDADES RELATIVAS À ORIENTAÇÃO

e nossa compreensão as abracem. Desse modo, somos naturalmente *levados* a obedecer, em vez de sermos *forçados* a isso.

Portanto, a maneira pela qual o Espírito Santo normalmente trabalha em uma alma plenamente obediente, em relação a essa orientação direta, é gravar na mente um desejo ou uma vontade de fazer ou deixar de fazer certas coisas.

Quando um filho de Deus está em oração, pode sentir uma sugestão repentina em sua consciência sobre um dever específico. "Eu gostaria de fazer isso ou aquilo", pensa ele; "Eu queria poder fazer". Imediatamente, esse assunto deve ser entregue ao Senhor, com o consentimento instantâneo da vontade para obedecer a Ele, caso a sugestão prove ser realmente de sua parte. E, então, os testes que mencionei devem ser aplicados de forma inteligente, ou seja, se a sugestão está de acordo com o ensinamento das Escrituras, com um julgamento santificado e com as circunstâncias providenciais. Às vezes, não é necessário haver um processo consciente que se mostre diferente desse discernimento, pois nossa inteligência espiritual é capaz de reconhecer instantaneamente quando algo está certo ou errado. Mas, seja como for, quando a harmonia divina é alcançada, e o sentido divino de "dever" é estabelecido no coração, então o caminho mais fácil e seguro é o da imediata obediência. O primeiro momento em que claramente vemos uma coisa como certa é sempre aquele em que é fácil realizá-la. Se "deixarmos entrar o raciocínio", como expressaram os quacres, a oportunidade de ouro é perdida, e a obediência se torna cada vez mais difícil a cada momento de atraso. A antiga vontade própria desperta para a vida; e as energias que deveriam ser dedicadas à obediência são, ao contrário, consumidas na luta contra dúvidas e racionalizações.

Às vezes, no entanto, apesar de todos os nossos esforços para descobrir a verdade, o sentido divino do "dever" parece não vir, e nossas dúvidas e perplexidades continuam sem esclarecimento. Além disso, nossos amigos discordam de nós e, sabemos, se oporiam à nossa escolha em nosso caminho. Nesse caso, nada há a fazer além de esperar que a luz venha. Mas nós devemos esperar com fé e em atitude de entrega plena, dizendo um contínuo "Sim" à vontade do nosso Senhor, seja ela qual for. Se a sugestão tiver vindo de sua parte, então continuará e se fortalecerá; caso contrário, desaparecerá e quase esqueceremos que a tivemos. Se ela persistir, se cada vez que estivermos em íntima comunhão com o Senhor parecer retornar, se nos incomodar em nossos momentos de oração e perturbar nossa paz, e se finalmente estiver de acordo com o teste da harmonia divina de que falei, então podemos ter certeza de que a sugestão é de Deus, e devemos nos render a isso ou sofrer uma perda inexprimível.

O apóstolo nos fornece uma orientação clara em relação a questões duvidosas. Ele está discutindo sobre o consumo de alguns tipos de carne que eram considerados cerimonialmente impuros. Após afirmar a própria liberdade, ele declara: "Bem sei, e estou convicto no Senhor Jesus, de que não *há* nada imundo em si mesmo, mas, para o que julga algo imundo, para esse imundo *é*" (Romanos 14:14). E, ao resumir o assunto, ele escreve: "Tens fé? Tem-*na* em ti mesmo diante de Deus. Feliz *é* aquele que não se condena a si mesmo no que aprova. E aquele que tem dúvidas é condenado se comer, porque não *come* por fé, pois tudo o que não *é* por fé é pecado" (Romanos 14:22,23). Em situações de dúvida, é importante aguardar e se abster de agir até que Deus forneça clareza sobre sua vontade. Muitas vezes, a dúvida pode ser um chamado de Deus para nos alinharmos mais plenamente à sua vontade. No entanto, outras vezes, essas incertezas são apenas tentações ou sentimentos prejudiciais aos quais seria imprudente ceder. O caminho seguro é esperar até que possamos agir com fé, pois "tudo o que não *é* por fé é pecado" (Romanos 14:23).

DIFICULDADES RELATIVAS À ORIENTAÇÃO

Leve todas as suas preocupações atuais à presença do Senhor. Deixe claro que você deseja apenas conhecer e obedecer à sua voz, e peça que Ele a torne clara para você. Comprometa--se a obedecer, independentemente do que seja. Tenha fé absoluta de que Ele está guiando você, conforme a sua palavra. Nas situações de incerteza, aguarde por uma orientação clara. Mantenha-se atento e receptivo à sua voz constantemente; e, no momento em que tiver certeza, então — e somente então — obedeça imediatamente. Confie no Senhor para dissipar essa percepção se não for a sua vontade; e, se ela permanecer, e estiver em harmonia com todas as suas outras vozes, não tenha medo de obedecer.

Acima de tudo, confie em Deus. Em nenhum lugar a fé é mais necessária do que nesse aspecto. Ele prometeu guiar você. Você pediu a Ele para fazer isso. Agora, é preciso crer que Ele está agindo e aceitar o que vier como sua orientação. Nenhum pai terreno ou mestre poderia guiar seus filhos ou servos se eles se recusassem a considerar seus comandos como realmente a expressão de sua vontade; e Deus não *pode* guiar aquelas almas que não confiam suficientemente para crer que Ele está agindo.

Acima de tudo, não tenha medo dessa vida abençoada, vivida hora a hora, dia após dia, sob a orientação do seu Senhor! Se Ele busca guiá-lo para longe do mundo e moldá-lo para estar mais próximo dele, não hesite. Esse é seu privilégio mais abençoado. Alegre-se nisso. Abrace-o com entusiasmo. Renuncie a tudo para que possa ser seu.

> Apenas Deus é o lar da criatura,
>   embora árduo e estreito seja o caminho;
> nada mais pode satisfazer
>   o amor que anseia por Deus.

O SEGREDO DA VERDADEIRA FELICIDADE

Quão pouco avançaste nesse caminho, ó minha alma!
   Quão pouco percorreste!
Reanima-te e deixa que o pensamento de Deus
   te faça avançar ainda mais.

Não relegues tuas obrigações a Deus,
   mas deixa livre tua mão.
Contempla longamente a Jesus — seu doce amor.
   Como foi concedido a ti?

O caminho perfeito é difícil para a carne.
   Não é difícil ao amor.
Se estivesses doente por falta de Deus,
   quão rapidamente te moverias!

E somente essa perfeição necessita
   de um coração mantido calmo durante todo o dia,
para captar as palavras que o Espírito ali
   de hora em hora possa dizer.

Então mantém tua consciência sensível.
   Não percas nenhum sinal interno.
E vai aonde a graça te levar.
   A perfeição está nisso.

Sê dócil ao teu Guia invisível.
   Ama-o como Ele te ama.
Tempo e obediência são suficientes,
   e um santo serás.

Dificuldades relativas às dúvidas

Muitos cristãos estão presos ao hábito arraigado de duvidar. Não me refiro às dúvidas sobre a existência de Deus ou sobre as verdades da Bíblia, mas, sim, às dúvidas sobre sua própria relação pessoal com o Deus em quem professam acreditar, sobre o perdão de seus pecados, sobre suas esperanças no céu e sobre sua experiência interior. Essa prisão à dúvida é tão opressiva quanto a de um viciado em álcool ao hábito de beber. Cada avanço espiritual que tentam é feito contra a poderosa oposição de um exército de dúvidas, que está sempre à espreita para atacá-los nos momentos propícios. A vida deles se torna infeliz, sua utilidade é efetivamente impedida e sua comunhão com Deus é continuamente interrompida por suas dúvidas. E, embora, em muitos casos, a entrada da alma na vida de fé a retire completamente da região na qual essas dúvidas vivem e florescem, mesmo então, às vezes acontece de o velho tirano se levantar e reafirmar seu domínio, fazendo-os tropeçar e falhar no coração, mesmo que não consiga levá-los de volta ao deserto sombrio.

Todos nós provavelmente recordamos nosso fascínio, embora misturado com horror, ao ouvir sobre a prisão de Cristão no Castelo da Dúvida, pelo maligno gigante desespero, e nossa simpatia exultante ao vê-lo escapar por aquelas portas maciças, livrando-se da tirania cruel. Na época, não teríamos imaginado que um dia poderíamos nos ver prisioneiros do mesmo gigante e aprisionados no mesmo castelo. No entanto, temo que, se formos completamente honestos, muitos de nós teriam de admitir haver enfrentado pelo menos uma experiência semelhante — e alguns de nós até mesmo várias vezes.

É curioso que aqueles chamados "crentes" — termo sugestivo de que sua principal característica é a crença — tenham de admitir a existência de dúvidas. No entanto, é um hábito tão universal que sinto que, se o nome fosse dado novamente, o único adequado e descritivo que poderia ser dado a muitos dos filhos de Deus seria o de "duvidosos". Na verdade, a maioria dos cristãos se conformou com suas dúvidas, como se fosse uma espécie de mal inevitável, do qual sofrem intensamente, mas diante do qual devem tentar se resignar como parte da disciplina necessária desta vida terrena; e lamentam suas dúvidas como um homem lamentaria seu reumatismo, apresentando-se como "casos interessantes" de prova especial e peculiar, que requerem a mais terna simpatia e a máxima consideração.

Com frequência, isso é verdade até mesmo entre os crentes que anseiam sinceramente por entrar na vida e na caminhada da fé, e que talvez tenham dado muitos passos nessa direção. Embora possam ter superado as dúvidas anteriores sobre se seus pecados foram realmente perdoados e sobre sua segurança futura no céu, ainda enfrentam desafios em relação à dúvida. Eles simplesmente transferiram o hábito a um patamar mais elevado. Talvez digam: "Sim, acredito que meus pecados foram perdoados e que sou filho de Deus pela fé em Jesus Cristo. Não ouso mais duvidar disso. Mas..." — e esse "mas" abrange uma

DIFICULDADES RELATIVAS ÀS DÚVIDAS

série infindável de incertezas sobre a maior parte das declarações e promessas feitas por nosso Pai aos seus filhos. Vez após vez, eles lutam com essas promessas e se recusam a acreditar nelas até que possam ter alguma prova mais confiável de que são verdadeiras do que a simples palavra de seu Deus; e, então, se perguntam por que lhes é permitido caminhar em meio a tanta escuridão, e se consideram quase como mártires, gemendo sob os conflitos espirituais pessoais que são obrigados a suportar.

Conflitos espirituais! Seria muito melhor chamá-los de rebeliões espirituais! Nossa luta deve ser uma luta de fé; e, no momento em que permitimos que as dúvidas entrem, nossa luta cessa e nossa rebelião tem início.

Eu desejo expressar, se possível, um forte protesto contra tudo isso.

Assim como poderia me solidarizar com um alcoólatra e acompanhá-lo em oração por graça para resistir ao seu vício fatal, também poderia ceder brevemente às lamentações dessas almas escravizadas e tentar confortá-las em sua condição de escravidão. Eu apenas ousaria proclamar a libertação completa que o Senhor Jesus Cristo oferece a ambos, suplicando, implorando e insistindo, com todo o meu poder, para que a alcancem e se libertem. Não daria ouvidos por um instante sequer às desculpas desesperadas. Você deveria ser, você pode ser e você deve ser livre.

Você se comprometeria a me dizer que é inevitável que os filhos duvidem de Deus? É inevitável que seus filhos duvidem de você? Você toleraria as dúvidas deles por um instante sequer? Você teria pena de seu filho, o consolaria e sentiria que ele é um "caso interessante" se ele viesse até você e dissesse: "Pai, tenho tanta dúvida que não consigo acreditar que sou seu filho, ou que você realmente me ama"? No entanto, quantas vezes ouvimos um filho de Deus desculpar-se por suas dúvidas dizendo: "Oh, mas eu tenho tantas dúvidas que não consigo acreditar no amor e no perdão de Deus", e ninguém parece se escandalizar com isso. Você poderia muito bem dizer, com a mesma complacência: "Oh, mas eu sou tão mentiroso que não consigo deixar de mentir", e esperar que as pessoas considerem isso uma desculpa suficiente. Aos olhos de Deus, acredito sinceramente que duvidar, em alguns casos, é tão prejudicial quanto mentir. Certamente é mais desonroso para Ele, pois questiona sua verdade e difama seu caráter. Lemos em 1João que "aquele que não crê em Deus faz dele um mentiroso" (5:10) e, para mim, parece que dificilmente algo poderia ser pior do que atribuir a Deus o caráter de um mentiroso! Você já pensou *nisso* como consequência de suas dúvidas?

Lembro-me de uma ocasião em que uma mãe ficou profundamente indignada e triste por causa de um pequeno momento de dúvida de uma de suas filhas. Ela havia trazido duas meninas para minha casa, com o fim de deixá-las enquanto realizava alguns afazeres. Uma delas, cheia de confiança e alegria típicas da infância, entregou-se a todas as diversões que podia encontrar em meu quarto de brinquedos, cantou e brincou até o retorno de sua mãe. A outra, com a cautela e a desconfiança de alguém mais velho, preferiu ficar sozinha em um canto, para se perguntar, primeiro, se sua mãe se lembraria de voltar para ela, temendo ser esquecida, e então imaginar que sua mãe ficaria feliz com a chance de se livrar dela de qualquer maneira, porque era uma menina muito travessa; e a situação a deixou em um estado de completo desespero. Nunca esquecerei o olhar no rosto daquela mãe quando, ao retornar, a menina chorosa contou o que estava acontecendo com ela. Tristeza, amor ferido, indignação e piedade lutaram juntos por supremacia; e a mãe mal sabia quem estava mais errada — se ela ou a criança —, para que dúvidas dessa natureza fossem possíveis.

É possível a existência desse tipo de dúvida em uma mãe terrena, mas nunca, nunca em Deus; e, ao longo da minha vida, essa memória me acometeu muitas vezes, trazendo um ensinamento profundo. Ela me obrigou, sem hesitação, a rejeitar as dúvidas sobre o amor, o cuidado e a lembrança do meu Pai celestial por mim — dúvidas que batiam à porta do meu coração em busca de entrada.

Estou convencida de que, para muitas pessoas, duvidar é um verdadeiro luxo, e negar esse luxo para si mesmo seria o mais difícil ato de autocontrole já experimentado. É como uma indulgência que, assim como outras, traz resultados muito tristes; e talvez, ao olhar para a tristeza e a miséria que trouxe para sua própria experiência cristã, você possa dizer: "Infelizmente não é nenhum luxo para mim, mas apenas uma provação terrível". Mas, por um instante, faça uma pausa. Tente renunciar a isso e logo descobrirá se é um luxo ou não. Suas dúvidas não batem à porta como um grupo de amigos solidários, que compreendem sua situação difícil e vieram para lhe dar condolências? E não é um luxo sentar-se com elas, entretê-las, ouvir seus argumentos e se juntar às suas condolências? Não seria um ato resoluto de autocontrole recusar-se a ouvi-las? Se você não sabe o que responder, experimente e veja.

Você nunca experimentou o luxo de se permitir pensar severamente sobre aqueles que você acredita terem prejudicado você? Nunca percebeu quanto é cativante ficar obcecado com suas crueldades, investigar sua malícia e imaginar todo tipo de coisas erradas e desconfortáveis a respeito dessas pessoas? É claro que isso deixou você infeliz, mas foi uma infelicidade fascinante, da qual você não conseguia facilmente abrir mão.

Assim como é um luxo duvidar. Você passou por experiências que resultaram em fracasso. As situações foram obscuras, as tentações, únicas, e seu "caso" parecia diferente dos demais. Não é surpreendente concluir que, por alguma razão, Deus o abandonou, não o ama mais e não se importa com seu bem-estar? Quão forte é a convicção de que você é demasiadamente mau para Ele se importar com você ou muito complicado para Ele lidar!

Você não está buscando culpá-lo ou acusá-lo de injustiça, pois reconhece que suas aparentes indiferença e rejeição são consequências merecidas de sua própria falta de mérito; e, aparentemente, esse raciocínio justo permite que você, sob a pretensa análise de suas próprias falhas, entregue-se a dúvidas desonrosas. Mesmo que pense estar duvidando apenas de si mesmo, na verdade está duvidando do Senhor, entregando-se a pensamentos tão duros e equivocados quanto os que poderia ter sobre um inimigo humano. Pois Ele declara que não veio para salvar os justos, mas os pecadores; e sua própria pecaminosidade e falta de mérito não deveriam ser motivo para Ele não o amar e nem cuidar de você; ao contrário, são sua maior justificativa para reivindicar seu amor e seu cuidado.

Assim como o pobre cordeirinho que se desgarrou do rebanho e se perdeu no deserto poderia dizer: "Estou perdido, então o Pastor não pode me amar, cuidar de mim ou se lembrar de mim; Ele só se preocupa com os cordeiros que nunca se desviam". Da mesma forma, alguém doente poderia pensar: "Estou doente, então o médico não virá me ver, nem me dará remédio; ele só se importa com pessoas saudáveis". Jesus ensina: "Os sãos não necessitam de médico, mas, sim, os que estão enfermos" (Lucas 5:31). E também diz: "Qual de vós é o homem que, tendo cem ovelhas, se perder uma delas, não deixa as noventa e nove no deserto e não vai atrás da perdida até achá-la?" (Lucas 15:4).

DIFICULDADES RELATIVAS ÀS DÚVIDAS

Qualquer pensamento que contradiga isso, que Ele mesmo disse, é um pensamento penoso, difícil de quebrar; e ceder a esses pensamentos é pior do que ceder a pensamentos dessa natureza sobre qualquer amigo ou inimigo terreno. Do começo ao fim de sua vida cristã, é sempre pecaminoso ceder às dúvidas. Dúvidas e desânimos vêm de uma fonte maligna e são sempre falsos. A negação direta e enfática é a única resposta adequada.

Isso me leva à parte prática de todo o assunto, sobre como se livrar desse hábito fatal. Minha resposta é que a libertação desse hábito deve ser buscada pelos mesmos meios que a libertação de qualquer outro pecado: em Cristo, e somente nele. Você precisa entregar suas dúvidas a Ele, da mesma forma que aprendeu a entregar outras tentações. Assim como faz com seu temperamento ou seu orgulho, você deve entregar suas dúvidas ao Senhor. Acredito que o remédio mais eficaz é fazer um compromisso contra elas, assim como você aconselharia um alcoólatra a fazer em relação à bebida, confiando inteiramente no Senhor para mantê-lo firme.

Assim como ocorre com qualquer outro pecado, a raiz está na vontade, e é preciso renunciar à vontade de duvidar da mesma forma que você renuncia à vontade de ceder a qualquer outra tentação. Deus sempre assume o controle de uma vontade rendida; e, se chegarmos ao ponto de dizer que não vamos duvidar e entregarmos a raiz de nossa natureza a ele, seu Espírito bendito começará imediatamente a operar "em vós tanto o querer quanto o realizar segundo *seu* beneplácito" (Filipenses 2:13), e nos manteremos longe da dúvida por meio de seu gigantesco e vitorioso poder.

O problema é que, ao lidar com a dúvida, o cristão nem sempre se entrega por completo, tendendo a reservar uma pequena liberdade secreta para duvidar, considerando-a, às vezes, uma necessidade.

Podemos dizer "Não quero mais duvidar" ou "Espero não duvidar mais", mas é difícil chegar até ao ponto de afirmar "Não *vou* mais duvidar", e nenhuma entrega é eficaz até chegar ao ponto de dizer: "Não vou". A liberdade para duvidar precisa ser abandonada para sempre; e nós temos de concordar em viver continuamente em confiança inevitável. Muitas vezes, acredito que é necessário efetuar uma transação definida, renunciando à nossa tendência à dúvida e chegando a uma decisão firme a esse respeito. Considero isso tão importante para os que duvidam quanto para os que lutam contra o vício do álcool. Não adianta abandonar a dúvida gradualmente; o princípio da abstinência total é o único eficaz nesse caso.

Depois da rendição, devemos confiar totalmente no Senhor para nos libertar a cada tentação. No momento em que o ataque ocorre, devemos erguer o escudo da fé contra ela. Devemos entregar a primeira sugestão de dúvida ao Senhor e deixar que Ele lide com ela. Devemos recusar-nos a reter a dúvida por um único momento. Não importa quão convincente ela pareça, ou sob que máscara de humildade se apresente, simplesmente devemos dizer: "Não posso duvidar; devo confiar. Deus é meu Pai, e Ele me ama. Jesus me salva; Ele me salva agora". Essas três pequenas palavras, repetidas várias vezes, "Jesus me salva, Jesus me salva", colocarão em fuga o maior exército de dúvidas que já atacou qualquer alma. Já tentei isso inúmeras vezes e nunca vi falhar. Não perca tempo argumentando consigo mesmo ou com suas dúvidas. Não dê atenção a elas; trate-as com desprezo máximo. Feche a porta na cara delas e negue enfaticamente cada palavra que dizem a você. Lance sobre elas alguma passagem das Escrituras e olhe diretamente para Jesus, dizendo-lhe que você confia nele e que pretende continuar confiando. Então, deixe as dúvidas clamarem quantas vezes quiserem; elas não podem prejudicá-lo se você não as deixar entrar.

Compreendo que, em alguns momentos, parece que você estará fechando a porta aos seus melhores amigos, e seu coração ansiará por suas dúvidas mais do que os israelitas ansiavam pelas refeições com carne do Egito. No entanto, negue a si mesmo; tome sua cruz nesse assunto e, tranquila mas firmemente, recuse-se a ouvir uma única palavra.

Muitas vezes, ao despertar pela manhã, eu me vi confrontada por um exército de dúvidas clamando à minha porta para entrar. Nada parecia real, nada parecia verdadeiro; e, menos ainda, parecia possível que eu — mísera e desventurada — pudesse ser objeto do amor, do cuidado ou da atenção do Senhor! Se eu tivesse a liberdade de deixar essas dúvidas entrarem e convidá-las a se acomodar, que luxo muitas vezes teria sido! Mas há anos firmei um compromisso contra a dúvida, e preferiria violar meu compromisso contra o álcool a violar esse contra a dúvida. Nunca ousei admitir a menor dúvida sequer. Nessas ocasiões, ergui imediatamente o "escudo da fé" tão logo me dei conta dessas sugestões de dúvida; e, entregando todo o exército ao Senhor para que Ele o conquistasse, comecei a reafirmar, repetidas vezes, minha fé nele, com as simples palavras: "Deus *é* meu Pai; eu *sou* seu filho perdoado; Ele me *ama*; Jesus me salva; Jesus me salva agora!". A vitória sempre foi completa. O inimigo pode avançar como uma inundação, mas o "Espírito do Senhor levantará um estandarte contra ele" (Isaías 59:19), e minhas dúvidas serão dispersadas. Então, posso unir-me ao cântico de Moisés e dos filhos de Israel, declarando: "Cantarei ao Senhor, pois triunfou gloriosamente; lançou ao mar o cavalo e seu cavaleiro. O Senhor é minha força e meu cântico, e tornou-se minha salvação" (Êxodo 15:1-2).

Queridas almas incrédulas, vão e façam o mesmo, e vitória semelhante será de vocês. Talvez vocês pensem que as dúvidas são inevitáveis em seu caso, devido à peculiaridade de seu temperamento; mas eu garanto enfaticamente que isso não é verdade. Você não tem mais necessidade de duvidar no relacionamento com seu Pai celestial da mesma forma que duvida no relacionamento com seu pai terreno. Em ambos os casos, você deve depender da palavra deles, não de seus sentimentos; e nenhum pai terreno jamais declarou ou manifestou sua paternidade de forma tão clara ou amorosa quanto seu Pai celestial. Portanto, se você não quer "tornar Deus um mentiroso" (1João 5:10), deve tornar sua fé tão inevitável e necessária quanto sua obediência. Tenho confiança de que você obedeceria a Deus, ainda que isso custasse sua vida. Portanto, confie nele também, ainda que crer custe a sua vida. O conflito pode ser muito intenso; algumas vezes, pode parecer insuportável. Mas eu espero que, daqui em diante, sua declaração inalterável seja a seguinte: "Ainda que Ele me mate, continuarei a confiar nele" (Jó 13:15). Quando as dúvidas vierem, enfrente-as, não com argumentos, mas com afirmações de fé. Todas as dúvidas são um ataque do inimigo; o Espírito Santo nunca as sugere, nunca. Ele é o Consolador, não o Acusador; e nunca nos aponta nossa necessidade sem, ao mesmo tempo, revelar a provisão divina.

Portanto, não dê ouvidos às suas dúvidas, nem por um instante sequer. Afaste-se delas com repulsa, assim como você faria com a blasfêmia; pois, na verdade, elas *são* uma blasfêmia. Talvez você não consiga evitar que as sugestões de dúvida venham até você, assim como não consegue impedir que os meninos na rua blasfemem enquanto passam por você; consequentemente, não há um pecado maior em um caso do que no outro. Mas, assim como você pode escolher não dar ouvidos aos meninos ou se juntar a eles em seus juramentos, também pode optar por não ouvir as dúvidas ou se unir a elas. Elas não são suas dúvidas até que

DIFICULDADES RELATIVAS ÀS DÚVIDAS

você concorde com elas e as adote como verdadeiras. Quando elas surgirem, você deve imediatamente afastar-se delas, assim como faria com a blasfêmia. Muitas vezes, uma boa prática para se livrar delas é ir imediatamente e confessar sua fé, em uma linguagem o mais firme possível, em algum lugar ou a alguém. Se não puder fazer isso oralmente, anote-a em uma carta, ou repita-a várias vezes em seu coração ao Senhor.

Quando você terminar de ler este livro, pegue sua caneta e anote firmemente sua decisão de nunca mais duvidar. Faça disso um compromisso genuíno entre você e o Senhor. Abandone a liberdade de duvidar para sempre. Coloque sua vontade do lado do Senhor e confie nele para se manter firme. Confesse sua completa fraqueza e seus hábitos arraigados de dúvida a Ele, entregando toda essa batalha em suas mãos. Tome a decisão de que não permitirá mais que a dúvida entre em sua vida, colocando toda a sua determinação ao lado dele, e contra o inimigo, tanto dele quanto seu; e então, daqui em diante, mantenha seu rosto firme, "olhando para Jesus", longe de si mesmo e de suas dúvidas, mantendo sua profissão de fé sem vacilar, porque "fiel é o que prometeu" (Hebreus 10:23). Confie na fidelidade de Deus, não na sua. Você confiou sua alma a Ele como a um "criador fiel", e nunca mais deve admitir a possibilidade de Ele ser infiel. Creia que Ele é fiel, não porque você sente ou vê, mas porque Ele diz que é. Acredite nisso, quer sinta, quer não. Acredite, mesmo quando parecer que está acreditando em algo absolutamente falso. Acredite ativa e persistentemente. Cultive o hábito contínuo da fé e nunca deixe sua fé vacilar por qualquer "aparência", por mais plausível que seja. O resultado será que, mais cedo ou mais tarde, você saberá que é verdade, e todas as dúvidas desaparecerão no brilho da glória da absoluta fidelidade de Deus!

É impossível escapar de uma regra na vida espiritual: conforme nossa fé, assim será para nós; e, naturalmente, essa mesma lei deve operar em ambos os sentidos, o que significa que também podemos esperar que aconteça conosco de acordo com nossas dúvidas.

Eu acredito que dúvidas e desânimos são portas de entrada pelas quais o mal penetra, enquanto a fé é uma muralha invencível contra todo mal.

Queridas almas incrédulas, meu coração anseia por vocês com uma simpatia terna! Conheço sua sinceridade, sua seriedade e suas lutas por uma experiência duradoura de paz com Deus, por meio do Senhor Jesus Cristo; e entendo quanto o hábito fatal de duvidar tem sido uma barreira para o progresso de vocês. Eu queria que minhas palavras pudessem abrir seus olhos para vocês verem a libertação que está bem à sua frente. Peço-lhes que tentem pôr em prática meu plano e vejam se não será verdade que "Segundo vossa fé" (Mateus 9:29) valerá, inevitavelmente, para vocês.

Dificuldades relativas à tentação

Alguns equívocos significativos são cometidos em relação ao assunto da tentação, ao colocarmos em prática a vida de fé.

Em primeiro lugar, há uma expectativa das pessoas de que, depois de a alma alcançar o descanso no Senhor, as tentações "cessarão"; e elas acreditam que a libertação prometida não é apenas de não ceder à tentação, mas também de não serem tentadas. Por isso, quando deparam com os "cananeus ainda na terra" e veem que as "cidades *são* grandes e muradas até o céu" (Deuteronômio 1:28), ficam profundamente desanimadas, pensando que devem ter errado em algum ponto e que talvez essa não seja a verdadeira terra, afinal.

Em seguida, cometem o erro de entender a tentação como pecado e se culpam pelas investidas do mal, mesmo quando o repudiam. Isso leva tais pessoas à condenação e ao desânimo, e se persistirem nesse estado, o desânimo sempre acaba resultando em pecado real. O pecado faz de uma alma desencorajada presa fácil, de modo que muitas vezes caímos pelo simples medo de cair.

Para enfrentar o primeiro desses desafios, é necessário apenas fazer referência às declarações das Escrituras que afirmam que a vida cristã é, em essência, uma guerra contínua; e que isso é especialmente verdadeiro quando o Senhor nos faz "assentar nos lugares celestiais, em Cristo Jesus" (Efésios 2:6) e somos chamados a lutar contra inimigos espirituais, cujos poder e habilidade para nos tentar devem ser, sem dúvida, bem superiores a qualquer coisa que já enfrentamos. Na verdade, é comum as tentações se intensificarem, em vez de diminuírem, de forma considerável quando entramos em uma vida espiritual mais profunda. No entanto, devemos estar cientes de que o aumento na intensidade das tentações não significa que não tenhamos encontrado realmente o lugar no qual devemos permanecer. Com frequência, as fortes tentações são mais um sinal de muita graça, e não o contrário. Quando os filhos de Israel deixaram o Egito pela primeira vez, "Deus não os conduziu *pelo* caminho da terra dos filisteus, embora *fosse* próximo, pois Deus disse: 'Para que não aconteça de o povo se arrepender quando vir a guerra e voltar para o Egito'" (Êxodo 13:17). Mas depois, quando aprenderam a confiar mais nele, Ele permitiu que seus inimigos os atacassem. Além disso, mesmo em sua jornada pelo deserto, encontraram poucos inimigos e lutaram poucas batalhas, em comparação com as lutas que enfrentaram na terra de Canaã, onde encontraram sete grandes nações e trinta e um reis a serem conquistados, além de cidades muradas a serem tomadas e gigantes a serem vencidos.

Eles não poderiam ter lutado contra os "cananeus, heteus, e amorreus, e perizeus, e heveus e jebuseus" (Juízes 3:5) até terem entrado na terra em que esses inimigos se encontravam. Portanto, o próprio poder de suas tentações, querido cristão, pode ser uma das provas mais fortes de que você realmente está

DIFICULDADES RELATIVAS À TENTAÇÃO

na terra prometida que tem buscado alcançar, porque essas são tentações peculiares dessa terra; consequentemente, nunca permita que elas o levem a questionar o fato de você ter entrado nela.

Lidar com o segundo equívoco não é tão simples. Parece quase desnecessário dizer que a tentação não é pecado, mas muitos sofrem por não compreender esse fato. A simples sugestão do mal parece trazer consigo a sensação de contaminação; e a alma aflita começa a se sentir muito má e distante de Deus por ter pensamentos e sugestões dessa natureza. É como se um ladrão invadisse a casa de alguém para roubar e, quando o dono da casa começasse a resistir, por fim o expulsando, o ladrão se virasse e acusasse o dono de ser, ele próprio, o ladrão. Essa é a grande artimanha do inimigo para nos enredar. Ele vem e sussurra sugestões de maldade para nós — dúvidas, blasfêmias, ciúmes, inveja e orgulho — e depois se volta e diz: "Oh, como você é mau por pensar coisas assim! Está muito claro que você não está confiando no Senhor; pois, se estivesse, seria impossível que essas coisas entrassem em seu coração". Esse raciocínio parece tão plausível que muitas vezes nós o aceitamos como verdadeiro e, assim, caímos em condenação e somos dominados pelo desânimo; então, é fácil para a tentação se transformar em verdadeiro pecado. Uma das coisas mais fatais na vida de fé é o desânimo; uma das mais úteis é a confiança. Certa vez, um homem muito sábio disse que, na superação das tentações, a confiança era a primeira coisa, a segunda e a terceira. Devemos *esperar* para vencermos. Por isso o Senhor disse tantas vezes a Josué: "Sê forte e tem bom ânimo; não temas, nem te espantes" (Josué 1:9); "tão somente sê forte e tem bom ânimo" (Josué 1:18). E é também por isso que Ele nos diz: "Não se turbe vosso coração, nem fiqueis com medo" (João 14:27). O poder da tentação está no enfraquecimento de nosso próprio coração. O inimigo sabe disso muito bem, e sempre começa seus ataques nos desencorajando, se puder.

Às vezes, esse desânimo surge do que pensamos ser um justo pesar e uma justa repugnância de nós mesmos por permitirmos que tais coisas *possam* nos tentar. No entanto, na realidade, é uma sensação de mortificação causada pelo fato de termos nos envaidecido secretamente, acreditando que nossos gostos são muito puros ou que estamos muito separados do mundo para que sejamos tentados por essas coisas. Estamos desanimados porque esperávamos algo de nós mesmos e ficamos profundamente decepcionados por não encontrarmos esse algo em nós. Essa mortificação e esse desânimo, embora pareçam ser humildade genuína, são, na verdade, uma condição muito pior do que a própria tentação, pois constituem apenas resultados do amor-próprio ferido. A verdadeira humildade pode suportar ver sua própria fraqueza e tolice reveladas, porque nunca esperou nada de si mesma e sabe que sua única esperança e expectativa devem estar em Deus. Portanto, em vez de desencorajar a alma humilde a confiar, tais revelações a levam a uma confiança ainda mais profunda e absoluta. Mas a falsa humildade, produzida pelo amor-próprio, afunda a alma em um desânimo sem fé, conduzindo-a ao próprio pecado, que tanto a aflige.

Há uma alegoria que ilustra isso de uma forma maravilhosa. Satanás convocou um conselho de seus servos para discutir como poderiam fazer um homem bom pecar. Um espírito maligno se levantou e disse: "Eu o farei pecar". "Como você fará isso?", perguntou Satanás. "Eu apresentarei diante dele os prazeres do pecado", essa foi a resposta. "Eu lhe falarei de suas delícias e das ricas recompensas que traz." "Ah", disse Satanás, "isso não funcionará; ele já foi tentado nisso e está mais experiente". Então, outro demônio se levantou e disse: "Eu o farei pecar". "O que você fará?", perguntou Satanás. "Eu lhe falarei das dores e tristezas da virtude. Eu mostrarei a ele que a virtude não tem delícias e não traz recompensas." "Ah, não!", exclamou Satanás. "Isso não funcionará de jeito nenhum; pois ele já foi tentado nisso e sabe que 'seus caminhos são caminhos de delícias, e todas as suas veredas *são* paz'" (Provérbios 3:17). "Bem", disse outro demônio, levantando-se, "eu me encarregarei de fazê-lo pecar". "E o que você fará?", perguntou Satanás novamente. "Eu desanimarei a sua alma", essa foi sua breve resposta. "Ah, isso funcionará!", exclamou Satanás. "Isso funcionará! Nós o conquistaremos agora."

Um antigo escritor disse: "Todo desânimo vem do diabo". Eu gostaria que todo cristão adotasse isso como um lema e percebesse que deve fugir do desânimo assim como fugiria do pecado.

Porém, se não reconhecermos a verdade sobre a tentação, isso se tornará impossível; pois, se as tentações forem consideradas nossa própria culpa, não conseguiremos evitar que o desânimo nos acometa. No entanto, elas não são. A Bíblia nos diz: "Bem-aventurado *é* o homem que sofre tentação" (Tiago 1:12) e nós somos encorajados: "considerai sempre motivo de alegria quando cairdes em diversas tentações" (Tiago 1:2). Portanto, a tentação não pode ser vista como pecado; e a verdade é que não é mais pecado ouvir esses sussurros e sugestões do mal em nossas almas do que ouvir as conversas perversas de homens maus enquanto passamos pela rua. O pecado ocorre apenas quando nos envolvemos e participamos dele. Se, quando essas sugestões malignas surgirem, nós as rejeitarmos de imediato, da mesma forma que rejeitaríamos uma conversa maligna, e não dermos mais atenção a elas do que daríamos à conversa, não estaremos pecando. No entanto, se alimentarmos esses pensamentos, se os repetirmos e concordarmos com eles, ainda que parcialmente, como se fossem verdadeiros, então, sim, estaremos em pecado. Podemos ser tentados mil vezes ao dia sem pecar, e não podemos evitar essas tentações, tampouco somos culpados por elas. No entanto, se começarmos a encarar essas tentações como verdadeiramente pecado de nossa parte, então parte da batalha já estará perdida, e o pecado dificilmente deixará de ter vitória completa.

Certa vez, uma querida senhora veio a mim sob grande desespero, simplesmente por não entender isso. Por um bom tempo, ela havia vivido feliz na vida de fé e estava tão livre da tentação que começou a pensar que nunca mais seria tentada. Mas, de repente, uma forma peculiar de tentação a assaltou, deixando-a horrorizada. Ela se deu conta de que, ao começar a orar, pensamentos terríveis de todos os tipos inundavam sua mente. Até então, ela levara uma vida pacífica e protegida, e esses pensamentos lhe pareciam tão horrendos que ela se sentiu como uma das mais perversas pecadoras por ser capaz de tê-los. Inicialmente, ela duvidou se realmente havia alcançado o descanso da fé e acabou concluindo que talvez nem mesmo tivesse nascido de novo. Sua alma estava em agonia e angústia. Eu disse a ela que esses pensamentos terríveis eram pura e simplesmente tentações, e que ela mesma não tinha culpa deles; que ela não podia evitá-los, assim como não poderia evitar ouvir se um homem mau proferisse blasfêmias em sua presença. E a exortei a reconhecê-los e tratá-los apenas como tentações, e não culpar a si mesma nem desanimar, mas, sim, voltar imediatamente ao Senhor e entregá-los a Ele. Mostrei-lhe quão grande vantagem o inimigo havia obtido ao fazê-la pensar que esses pensamentos tinham origem nela mesma, e ao mergulhá-la em condenação e desânimo por causa deles. Garanti-lhe, então, que ela encontraria vitória rápida se simplesmente

DIFICULDADES RELATIVAS À TENTAÇÃO

ignorasse esses pensamentos, virasse as costas a eles e se voltasse para o Senhor.

Ela compreendeu a verdade e, na próxima vez que esses pensamentos blasfemos surgiram, ela disse a si mesma: "Agora eu descobri você. É você quem está sugerindo esses pensamentos terríveis para mim, e eu os rejeito completamente. Não quero nada com eles. O Senhor é meu auxílio; eu os entrego a Ele e os deixo em sua presença". Imediatamente, o inimigo, frustrado ao se ver descoberto, fugiu em confusão, e a alma da mulher foi perfeitamente liberta.

Além disso, nossos inimigos espirituais sabem que, se um cristão identificar uma sugestão do mal como proveniente deles, ele se afastará dessa sugestão com muito mais rapidez do que se parecesse ser uma sugestão de sua própria mente. Se o diabo começasse cada tentação com estas palavras: "Eu sou o diabo, seu inimigo implacável; vim fazer você pecar", dificilmente sentiríamos qualquer desejo de ceder às suas sugestões. Ele precisa se ocultar para tornar suas armadilhas mais atraentes. E nossa vitória será muito mais facilmente alcançada se não formos ignorantes quanto às suas artimanhas, mas as reconhecermos em seu primeiro ataque.

Também cometemos outro grande erro sobre as tentações ao pensar que todo o tempo gasto em combate contra elas é perdido. As horas passam, e parece que não fizemos progresso algum, porque fomos muitos assediados pelas tentações. Mas, com frequência, acontece de estarmos servindo a Deus de maneira muito mais verdadeira nesses momentos do que naqueles de relativa liberdade das tentações. Estamos lutando nas batalhas do nosso Senhor quando enfrentamos a tentação e, às vezes, algumas horas são mais valiosas do que dias inteiros nessas circunstâncias. Lemos: "Bem-aventurado *é* o homem que sofre [*suporta*] tentação" (Tiago 1:12), e estou certa de que isso significa suportar a continuidade dela e sua frequente recorrência. Nada cultiva tanto a graça da paciência quanto a resistência à tentação, e nada leva a alma a uma dependência mais absoluta do Senhor Jesus do que sua continuidade. Finalmente, nada traz mais louvor, honra e glória ao nosso Senhor do que a provação de nossa fé que vem por meio de múltiplas tentações. É-nos dito que ela é "mais preciosa que a do ouro que perece, ainda que provado pelo fogo" (1Pedro 1:7), e que nós, que pacientemente suportamos a provação, receberemos como recompensa "a coroa da vida, que o Senhor prometeu aos que o amam" (Tiago 1:12).

Não causa admiração, portanto, que o Espírito Santo inicie o livro de Tiago com a seguinte exortação: "Meus irmãos, considerai sempre motivo de alegria quando cairdes em diversas tentações, sabendo *disto*: a provação de vossa fé produz paciência. Mas que a paciência tenha ação plena, para que sejais perfeitos e íntegros, de nada tendo falta" (Tiago 1:2-4).

Evidentemente, a tentação é um dos instrumentos que Deus usa para nos aperfeiçoar; e, assim, as próprias armas do pecado são revertidas contra ele mesmo, mostrando como todas as coisas, inclusive as tentações, podem trabalhar para o bem daqueles que amam a Deus.

Quanto à maneira de vencer a tentação, parece quase desnecessário dizer àqueles a quem estou me dirigindo neste momento que é pela fé; pois essa é, naturalmente, a base sobre a qual repousa toda a vida interior. Nosso único grande lema é sempre: "Não somos nada: Cristo é tudo"; e sempre e em todo lugar começamos a levantar, a andar, a vencer e a viver pela fé. Descobrimos nossa própria e completa impotência, e sabemos que não podemos fazer nada por nós mesmos; e aprendemos

DIFICULDADES RELATIVAS À TENTAÇÃO

que nosso único caminho, portanto, é entregar a tentação ao nosso Senhor e confiar nele para vencê-la por nós. Mas, quando a colocamos em suas mãos, devemos *deixá-la* ali. A maior dificuldade de todas, acredito, é esse ato de *deixar*. Parece impossível acreditar que o Senhor possa ou vá gerenciar nossas tentações sem a nossa ajuda, especialmente se elas não desaparecerem de imediato. Manter-nos pacientemente "suportando" uma tentação persistente sem cedermos a ela e sem nos retirar das mãos do Senhor em relação a ela é uma conquista notável para nossa natureza impaciente; mas é uma vitória que devemos alcançar se quisermos fazer o que agrada a Deus.

Devemos, portanto, nos entregar tão completamente ao Senhor para a vitória sobre nossas tentações quanto entregamos a nós mesmos, inicialmente, para o perdão; e devemos nos entregar tão completamente em suas mãos tanto para um quanto para o outro.

Inúmeros filhos de Deus fizeram isso e podem testemunhar hoje que conquistaram vitórias extraordinárias sobre inúmeras tentações e que, verdadeiramente, se tornaram "mais que vencedores" por meio do Senhor, que os ama.

Mas, por enquanto, não posso abordar essa parte do assunto, pois meu objetivo é mais apresentar a verdadeira natureza da tentação do que falar do caminho para vencê-la. Desejo sinceramente que as almas conscientes e fiéis sejam libertadas da escravidão na qual certamente serão enredadas se não compreenderem o verdadeiro propósito da tentação e a confundirem com pecado. Quando reconhecemos a tentação como tal, podemos imediatamente dizer: "Afasta-te de mim" e, então, atravessar até mesmo os mais ferozes ataques com uma paz triunfante e clara, sabendo que, "quando o inimigo vier como uma inundação, o Espírito do Senhor levantará um estandarte contra ele" (Isaías 59:19).

Dificuldades relativas aos fracassos

O título deste capítulo talvez possa surpreender alguns. "Fracasso!", dirão eles. "Pensávamos que não houvesse fracasso nessa vida de fé!"

Para isso, eu responderia que não deveria e não precisa acontecer; mas, na realidade, às vezes fracassos ocorrem, e nós devemos lidar com fatos, não com teorias. Nenhuma pessoa confiável que ensine acerca dessa vida interior jamais afirmaria que é impossível pecar; apenas enfatizam que o pecado deixa de ser uma necessidade e que uma possibilidade de vitória contínua se abre diante de nós. E há bem poucos, se houver algum, que não confessem que, em sua experiência pessoal verdadeira, foram vencidos ao menos por uma tentação momentânea.

Claro, ao mencionar o pecado aqui, estou me referindo ao pecado consciente e reconhecido. Não abordo os pecados de ignorância, nem o que é chamado de pecado inevitável de nossa natureza, pois todos são tratados pelas disposições de Cristo e não prejudicam nossa comunhão com Deus. Não tenho intenção nem habilidade para abordar as doutrinas relacionadas ao pecado; deixo isso para os teólogos discutirem e resolverem, enquanto falo apenas da experiência do crente nessa questão.

Existem muitas coisas que fazemos ingenuamente até que uma luz crescente revele que estão erradas, e todas essas podem ser consideradas pecados de ignorância. No entanto, por serem realizadas na ignorância, não nos trazem condenação e não entram no âmbito da presente discussão.

Uma boa ilustração disso ocorreu, certa vez, na minha presença. Uma menininha brincava na biblioteca em uma tarde quente de verão, enquanto seu pai descansava no sofá. Um lindo tinteiro sobre a mesa chamou a atenção da criança e, sem que ninguém notasse, ela subiu em uma cadeira e o pegou. Em seguida, caminhando até seu pai com um ar de triunfo infantil, ela o virou de cabeça para baixo sobre a vasta área branca do peito de sua camisa, e riu, alegremente, ao ver os riachos negros escorrendo por todos os lados.

Foi muito errado para a criança agir dessa forma, mas isso não poderia ser considerado pecado, pois ela não tinha maior conhecimento. Se fosse mais velha e entendesse que o tinteiro não é um brinquedo, aí, sim, esse gesto seria considerado pecado. "Portanto, aquele que sabe fazer o bem e não *o* faz comete pecado" (Tiago 4:17); e, em tudo que direi sobre pecado neste capítulo, é importante compreender que me refiro apenas ao que está ao alcance de nossa consciência.

Então, o mal-entendido, neste ponto do pecado conhecido ou consciente, abre caminho para grandes perigos na vida de fé. Quando um crente, que acredita ter embarcado na jornada da santidade, vê-se surpreendido pelo pecado, enfrenta a tentação de ficar totalmente desanimado e desistir, considerando que tudo está perdido, ou então, para manter as doutrinas intactas, ele sente a necessidade de encobrir seu pecado, chamando-o de fraqueza e recusando-se a ser sincero a esse respeito. Qualquer um desses caminhos é igualmente fatal para qualquer crescimento verdadeiro e para o progresso na vida de santidade. A única abordagem possível é encarar imediatamente o fato triste, chamar o pecado por seu verdadeiro nome e tentar descobrir a razão e a cura. Essa vida de união com Deus requer máxima honestidade com Ele e com nós mesmos. Sem dúvida, a bênção que o próprio pecado só perturbaria momentaneamente será perdida por qualquer tratamento desonesto com ele. Uma falha repentina, porém, não é motivo para desânimo e abandono total. Não estamos pregando um *estado*, mas uma *caminhada*. A estrada da santidade não é um *lugar*, mas um *caminho*. A santificação não é algo para ser alcançado em determinado estágio da vida, mas, sim, uma jornada a ser vivida dia após dia e hora após hora. Podemos momentaneamente nos desviar do caminho, mas ele não é apagado por nossos desvios, podendo ser instantaneamente recuperado. Nessa vida e nessa caminhada de fé, podem ocorrer falhas momentâneas que, embora tristes e dignas de lamentação, não devem perturbar nossa atitude em relação à consagração completa e à confiança perfeita, nem interromper, por mais do que um momento passageiro, nossa feliz comunhão com o Senhor.

O ponto crucial é retornar imediatamente a Deus. Nosso pecado não é motivo para deixar de confiar, mas apenas um argumento incontestável de que devemos confiar mais plenamente do que nunca. Não importa qual tenha sido a causa de nossa queda, é certo que não há cura a ser encontrada no desânimo. Da mesma forma que uma criança aprendendo a andar não pode desistir desesperadamente quando cai, recusando-se a dar outro passo, um crente que busca aprender a viver e a andar pela fé não pode desistir desesperadamente por ter caído em pecado. Em ambos os casos, o único caminho é levantar-se e tentar novamente. Quando os filhos de Israel sofreram aquela derrota desastrosa logo após entrar na terra, diante da pequena cidade de Ai, todos ficaram tão completamente desanimados que lemos: "portanto o coração do povo se derreteu e tornou-se como água. E Josué rasgou as suas vestes, e prostrou-se com o rosto em terra diante da arca do Senhor até à tarde, ele e os anciãos de Israel, e deitaram pó sobre as suas cabeças. E Josué disse: 'Ai de mim, ó Senhor Deus, por que trouxeste este povo além do Jordão, para nos entregar nas mãos dos amorreus, para nos destruir? Quisera Deus que estivéssemos contentes e morássemos do outro lado do Jordão! Ó Senhor, o que direi, quando Israel virar as costas diante de seus inimigos? Pois os cananeus e todos os habitantes da terra ouvirão *sobre* isso, e nos cercarão, e eliminarão nosso nome da terra; e que farás tu ao teu grande nome?'" (Josué 7:5b-9).

Que lamento de desespero foi esse! E como é repetido à risca por muitos filhos de Deus nos dias de hoje, cujo coração, por causa de uma derrota, derrete-se e se torna como água, clamando: "Quisera Deus que estivéssemos contentes e morássemos do outro lado do Jordão!" (Josué 7:7b), e prevendo mais fracassos e até mesmo total desconforto diante de seus inimigos. Sem dúvida, Josué pensava na ocasião, como tendemos a pensar agora, que o desânimo e o desespero eram as únicas condições apropriadas e seguras após essa derrota. Mas Deus pensava de forma diferente. "E o Senhor disse a Josué: 'Levanta-te; por que estás deitado sobre a tua face?'" (Josué 7:10). A coisa certa a fazer não era se entregar totalmente ao desânimo, por mais humilde que parecesse ser, mas, sim, enfrentar imediatamente o problema, livrar-se dele e, mais uma vez, de pronto, "santificar-se".

"Levanta-te, santifica o povo" (Josué 7:13), essa é sempre a ordem de Deus. "Deitar-se e desanimar" é sempre a nossa tentação. Nosso sentimento nos diz que é presunçoso, e até quase impertinente, ir imediatamente ao Senhor, depois de ter pecado contra ele. A nós, parece que deveríamos sofrer as consequências do nosso pecado por algum tempo e suportar as acusações de nossa consciência; e podemos ter dificuldade para crer que o Senhor *possa* estar disposto a nos receber de volta em comunhão amorosa com Ele próprio.

Uma vez, uma garotinha expressou diante de mim esse sentimento com a sinceridade típica das crianças. Ela perguntou se o Senhor Jesus sempre nos perdoava por nossos pecados assim que pedíamos a Ele, e eu respondi: "Sim, claro que sim". "*Assim que* pedimos?", repetiu ela, mostrando hesitação. "Sim", respondi, "no exato momento em que pedimos, Ele nos perdoa". "Bem", disse ela deliberadamente, "eu não consigo acreditar nisso. Acredito que Ele faria com que nos sentíssemos arrependidos por dois ou três dias primeiro. E, então, imagino que Ele nos levaria a pedir perdão várias vezes e de maneira sincera e bela, não apenas usando palavras comuns. E acredito que é assim que Ele faz, e você não precisa tentar me fazer pensar que Ele me perdoa imediatamente, não importa o que a Bíblia fale". Ela apenas *disse* o que a maioria dos cristãos *pensa* e o que é pior: o que a maioria dos cristãos *faz*, de modo que seu desânimo e seu remorso os afastam infinitamente mais de Deus do que o pecado poderia ter feito. No entanto, essa visão vai contra a forma que, em geral, esperamos que nossos filhos se comportem conosco, o que me faz questionar como essa ideia de Deus surgiu. É como uma mãe que se entristece ao ver seu filho desobediente afastar-se em desespero e remorso, por ele duvidar de seu amor e de sua disposição para perdoar. Por outro lado, seu coração se enche de amor caloroso quando a criança arrependida corre até ela imediatamente em busca de perdão! Certamente nosso Deus sentiu esse amor ansioso quando nos disse: "Voltai, filhos rebeldes, *e* eu curarei as vossas transgressões" (Jeremias 3:22).

É crucial perceber que o instante em que admitimos o pecado também deve ser o momento de confessá-lo e de reconhecermos o perdão. Isso é especialmente vital para mantermos uma caminhada firme na "vida com Cristo, escondida em Deus" (Colossenses 3:3), pois qualquer separação dele não pode ser tolerada nem por um instante.

Podemos apenas seguir esse caminho "com os olhos fitos em Jesus" (Hebreus 12:2) a cada momento; e, se nossos olhos se desviarem dele para contemplar nosso próprio pecado e nossa própria fraqueza, deixaremos o caminho imediatamente. Portanto, se um crente que enveredou por esse caminho perceber a si mesmo dominado pelo pecado, deve buscar de imediato refúgio no Senhor. Ele deve agir conforme 1João 1:9: "Se confessamos nossos pecados, Ele é fiel e justo para *nos* perdoar os pecados e nos purificar de toda injustiça". Ele não deve esconder seu pecado e tentar encobri-lo com desculpas, ou tentar suprimi-lo de sua memória com o passar do tempo. Ele deve proceder como os filhos de Israel fizeram, levantando-se *"cedo* pela manhã" e *correndo* para onde o mal está escondido, removendo-o de seu esconderijo e apresentando-o "diante do Senhor". Ele deve confessar seu pecado. Então, deve apedrejá-lo com pedras, e queimá-lo com fogo, e afastá-lo totalmente de si, e erguer sobre ele um grande monte de pedras, para que fique para sempre oculto de sua vista. E, nesse momento, ele precisa ter fé absoluta de que Deus, em conformidade com sua palavra, é fiel e justo para perdoar seus pecados, e que ele realmente o faz. E mais: que ele também o purifica de toda injustiça. Ele deve reivindicar pela fé perdão e purificação imediatos, e persistir em confiar com ainda mais determinação e absoluta convicção do que antes.

Assim que o pecado de Israel foi exposto e removido, imediatamente a palavra de Deus veio novamente em uma mensagem de encorajamento glorioso: "Não temas, nem te espantes [...] eis que entreguei nas tuas mãos o rei de Ai, e o seu povo, e sua cidade e sua terra" (Josué 8:1). Nossa coragem deve elevar-se mais do que nunca, e devemos nos entregar completamente ao Senhor, para que ele, segundo seu grandioso poder, opere "em vós tanto o querer quanto o realizar segundo *seu* beneplácito" (Filipenses 2:13). Além disso, devemos esquecer nosso pecado tão logo for confessado e perdoado dessa maneira. Não devemos nos deter nele, examiná-lo e nos entregar a um requinte de angústia e remorso. Não devemos colocá-lo em um pedestal e, então, caminhar ao seu redor e observá-lo de todos os lados, ampliando-o até torná-lo uma montanha que esconde a Deus dos nossos olhos. Devemos seguir o exemplo de Paulo e, "esquecendo-me do que para trás ficou e avançando para o que está adiante, prossigo para o alvo, pelo prêmio da elevada vocação de Deus em Cristo Jesus" (Filipenses 3:13b-14).

Deixe-me lembrar de duas ilustrações contrastantes dessas coisas. Uma delas envolveu um homem cristão sincero, ativo na igreja, que havia vivido por vários meses em uma experiência de grande paz e alegria. Subitamente, ele foi dominado pela tentação de tratar um irmão de forma desagradável. Acreditando que seria impossível voltar a pecar dessa maneira, ele foi subitamente inundado por uma profunda desesperança, concluindo que estava completamente enganado e que nunca havia ingressado, de forma verdadeira, em uma vida de confiança total. Dia após dia, sua desesperança foi aumentando, até se tornar desespero, e ele concluiu que nunca sequer havia nascido de novo, dando-se por perdido. Ele passou três anos de miséria total, afastando-se cada vez mais de Deus e sendo gradualmente

DIFICULDADES RELATIVAS AOS FRACASSOS

arrastado para um pecado após outro, até que sua vida se tornou uma maldição para si mesmo e para todos ao seu redor. Por causa desse fardo, sua saúde foi debilitada, e alguns temores surgiram em decorrência disso. Ao final de três anos, ele encontrou uma senhora cristã que compreendia essa verdade sobre o pecado que tenho tentado explicar. Em uma conversa breve, ela descobriu sua aflição e disse imediatamente: "Você pecou nesse ato, não há dúvida, e não quero que tente se desculpar. Mas você nunca confessou isso ao Senhor e pediu perdão a Ele?". "Se confessei?!" exclamou o homem. "Parece-me que não fiz outra coisa senão confessar e implorar a Deus por perdão, noite e dia, por todos esses três anos terríveis". "E você nunca creu que Ele o perdoou?", perguntou a senhora. "Não", respondeu o pobre homem. "Como poderia, se nunca *senti* como se Ele tivesse me perdoado?" "Mas suponha que Ele tivesse dito que o perdoou, isso não teria sido suficiente para você acreditar?", insistiu ela. "Claro", respondeu o homem. "Se Deus tivesse dito, é claro que eu acreditaria." "Muito bem, Ele disse isso", declarou a senhora. E, então, ela se voltou para o versículo que mencionamos acima (1João 1:9) e o leu em voz alta. "Agora", continuou ela, "você passou todos esses três anos confessando e confessando seu pecado, enquanto a palavra de Deus declarava que Ele é fiel e justo para perdoá-lo e purificá-lo, e ainda assim você nunca acreditou nisso. Você tem 'feito Deus mentiroso' durante todo esse tempo, recusando-se a acreditar em sua palavra".

O pobre homem viu tudo isso e ficou pasmo de espanto e consternação; e, quando a senhora propôs que ambos se ajoelhassem e que ele confessasse sua incredulidade e seu pecado passado, e reivindicasse, ali mesmo, perdão e purificação imediatos, ele obedeceu, como alguém que estivesse em transe. Mas o resultado foi glorioso. A luz irrompeu, sua escuridão desapareceu, e o homem começou a louvar a Deus em voz alta pela maravilhosa libertação. Em poucos minutos, sua alma foi capacitada a retroceder, por intermédio da fé, a toda a longa e cansativa jornada que havia feito durante três anos, e ele se viu, mais uma vez, descansando no Senhor e regozijando-se na plenitude de sua salvação.

O outro exemplo é o caso de uma senhora cristã que vivera na terra da promessa por algumas semanas e tivera uma experiência radiante e vitoriosa. Subitamente, ao final desse período, ela foi tomada por um violento acesso de raiva. Por um instante, uma onda de desânimo varreu sua alma. A tentação veio. "Portanto, isso mostra que foi tudo um engano. É claro que você foi enganada em relação a tudo isso, e nunca entrou na vida de fé de verdade. Agora, você pode sentir vontade de desistir por completo, porque talvez pense que nunca conseguirá se consagrar ou confiar de forma mais plena do que fez dessa vez; então, é evidente que essa vida de santidade não é para você!" Esses pensamentos passaram por sua mente em um momento; mas ela estava bem instruída nos caminhos de Deus, e disse de pronto: "Sim, eu pequei, e é muito triste. Mas a Bíblia diz que, se confessarmos nossos pecados, Deus é fiel e justo para nos perdoar os pecados e nos purificar de toda injustiça; e eu acredito que Ele o fará". Ela não hesitou nem por um momento e, enquanto ainda fervilhava de raiva, correu (pois não lhe era suficiente andar) para um cômodo no qual pudesse ficar sozinha e, ajoelhando-se ao lado da cama, disse: "Senhor, confesso o meu pecado. Pequei; até mesmo agora estou pecando. Eu o odeio, mas não consigo me livrar dele. Confesso-o com vergonha e confusão de rosto diante de ti. E agora creio que, de acordo com a tua palavra, tu perdoas e purificas". Ela disse isso em voz alta, pois a agitação interna era grande demais para ser contida. Quando as palavras "tu perdoas e purificas" saíram de seus lábios, a libertação veio. O Senhor disse: "Paz, aquieta-te!" e houve grande calmaria. Uma torrente de luz e alegria irrompeu em sua alma, o inimigo fugiu e ela foi mais do que vencedora por meio do Senhor, que a amava. Tanto o pecado como sua libertação não levaram nem cinco minutos, e ela avançou a passos mais firmes do que nunca na jornada abençoada da santidade. Assim, para ela, o "vale de Acor" transformou-se em uma "porta de esperança", e ela entoou novamente, com um significado mais profundo, seu cântico de libertação: "Cantarei ao Senhor, pois triunfou gloriosamente" (Êxodo 15:1b).

Na verdade, em todas as emergências, a única solução é confiar no Senhor. Se isso é tudo o que devemos fazer, e tudo o que podemos fazer, não é melhor fazer isso imediatamente? Muitas vezes, deparei com a seguinte pergunta: "Bem, o que posso fazer além de confiar?". E, de imediato, eu me dei conta da tolice de buscar por libertação de qualquer outra maneira, dizendo a mim mesma: "No final, vou ter que simplesmente confiar, então por que não começar assim, agora, desde o início?". Estamos em uma vida e uma caminhada de *fé* e, quando falhamos, só podemos nos recuperar aumentando nossa confiança, não a diminuindo.

Que cada fracasso, então, se ocorrer, o conduza instantaneamente ao Senhor, com uma entrega mais profunda e uma confiança mais plena; e, se você fizer isso, descobrirá que, por mais triste que seja, seu fracasso não o tirou da terra do descanso, nem rompeu por muito tempo sua doce comunhão com Ele.

Quando o fracasso é enfrentado dessa forma, é muito mais provável evitar uma recorrência do que quando a alma se permite passar por um período de desespero e remorso. Se, no entanto, o fracasso acontecer e for sempre tratado da mesma forma, é certo que se tornará cada vez menos frequente, até, por fim, cessar por completo. Existem algumas almas felizes que aprendem toda a lição de uma vez; mas a bênção também está sobre aqueles que dão passos mais lentos e alcançam uma vitória mais gradual.

Após apontar o caminho para a libertação do fracasso, gostaria de falar um pouco das causas do fracasso nesta vida de plena salvação. As causas não estão na força da tentação, nem em nossa própria fraqueza, tampouco, acima de tudo, em alguma carência no poder ou na disposição de nosso Salvador nos salvar. A promessa feita a Israel era positiva: "Ninguém poderá resistir-te todos os dias da tua vida" (Josué 1:5). E a promessa para nós é igualmente positiva: "mas fiel *é* Deus, que vos não permitirá serdes tentados além do que podeis, mas com a tentação dará também um escape, para que *a* possais suportar" (1Coríntios 10:13). Os homens de Ai eram "poucos", mas aqueles do povo que havia conquistado a poderosa Jericó "fugiram diante dos homens de Ai" (Josué 7:4). Não foi a força do inimigo, nem Deus havia falhado com eles. A causa de sua derrota estava em outro lugar, e o próprio Senhor declara: "Israel pecou, e eles também transgrediram a minha aliança que eu lhes havia ordenado; porque eles até tomaram coisas amaldiçoadas, e também roubaram, e também dissimularam, e ainda *as* puseram entre as suas próprias coisas. Portanto, os filhos de Israel não puderam resistir a seus inimigos, *mas* viraram as costas a *seus* inimigos" (Josué 7:11-12). Foi um mal oculto que os conquistou. Debaixo da terra, em uma tenda obscura nesse vasto exército, estava escondido algo contra o qual Deus tinha uma controvérsia; e esse pequeno objeto escondido tornou todo o exército indefeso diante de seus inimigos. "*Há* no vosso meio coisa amaldiçoada, ó Israel; vós não podereis resistir diante dos vossos inimigos, até que tireis as coisas amaldiçoadas do vosso meio" (Josué 7:13).

A lição aqui é simplesmente esta: qualquer coisa acalentada no coração que seja contrária à vontade de Deus, por mais insignificante que pareça ou ainda que esteja profundamente oculta, nos fará cair diante de nossos inimigos. Qualquer raiz consciente de amargura cultivada em relação a outro, qualquer busca egoísta, qualquer julgamento severo, qualquer negligência em obedecer à voz do Senhor, qualquer hábito ou ambiente duvidoso — essas coisas ou qualquer uma delas, conscientemente cultivadas, vão debilitar e paralisar nossa vida espiritual de forma eficaz. Podemos ter escondido o mal no canto mais remoto de nosso coração e podemos tê-lo coberto de nossa visão, recusando-nos até mesmo a reconhecer sua existência, embora não possamos deixar de estar secretamente conscientes de que está lá. Podemos ignorá-lo continuamente, declarando nossa consagração e confiança total, ser mais diligentes do que nunca em nossos deveres religiosos e ter cada vez mais clareza sobre a verdade e a beleza da vida e a caminhada de fé. Podemos parecer a nós mesmos e aos outros ter alcançado uma posição de vitória quase inabalável, mas, ainda assim, podemos nos ver sofrendo derrotas amargas. Podemos nos perguntar, questionar, desesperar e podemos orar. Nada vai adiantar até que aquilo que esteja errado seja desenterrado de seu esconderijo, trazido à luz e colocado diante de Deus.

Portanto, no momento em que um crente que está vivendo essa vida interior depara com um fracasso, deve imediatamente buscar a causa, não na força desse inimigo específico, mas em algo subjacente — alguma falha de consagração oculta, situada no âmago de seu ser. Da mesma forma que uma dor de cabeça não é a doença em si, mas apenas sintoma de uma doença localizada em outra parte do corpo, a falha desse cristão é apenas o sintoma de um mal oculto, possivelmente situado em uma parte muito diferente de sua natureza.

O SEGREDO DA VERDADEIRA FELICIDADE

Às vezes, o mal pode estar oculto até mesmo naquilo que parece ser bom à primeira vista. Por trás de um zelo aparente pela verdade, pode haver um espírito crítico ou uma tendência sutil a confiar apenas em nossa própria compreensão. Por trás da aparente fidelidade cristã, o amor cristão pode estar ausente. Por trás de um cuidado aparentemente adequado com nossos assuntos, pode haver uma grande falta de confiança em Deus. Acredito que o Espírito Santo, nosso bendito guia, que habita em nós, está sempre nos revelando essas coisas secretamente, por meio de pequenas advertências e remorsos de consciência constantes, para que não tenhamos desculpas. No entanto, é muito fácil ignorar sua voz suave e insistir que está tudo bem, enquanto o mal fatal permanece escondido em nosso meio, provocando fracassos nos lugares mais inesperados.

Uma ilustração vívida disso aconteceu comigo durante a administração da minha casa. Tínhamos nos mudado para uma nova residência e, ao fazer uma inspeção para ver se estava tudo pronto para a mudança, notei, na adega, um barril de cidra muito limpo, lacrado em ambas as extremidades. Fiquei indecisa se deveria mandar retirá-lo da adega e abri-lo para ver o que havia dentro, mas, como parecia vazio e estava limpo, optei por deixá-lo intocado, especialmente porque seria bastante trabalhoso levá-lo escadaria acima. Não me senti totalmente tranquila, mas racionalizei minhas preocupações e o deixei lá. A cada primavera e a cada outono, quando chegava a época da limpeza da casa, eu me lembrava daquele barril com um pequeno remorso da minha consciência de dona de casa, sentindo que não poderia descansar totalmente na ideia de uma casa perfeitamente limpa enquanto ele permanecesse fechado, pois como eu saberia se, sob sua aparência limpa, não havia algum mal oculto? Ainda assim, consegui silenciar minhas preocupações sobre o assunto, sempre pensando que seria muito trabalhoso investigá-lo; e, por dois ou três anos, o barril de aparência inocente permaneceu quieto em nossa adega. Então, de forma totalmente inexplicável, começaram a aparecer traças em nossa casa. Tomei todas as precauções possíveis para combatê-las e fiz todos os esforços para eliminá-las, mas sem sucesso. Elas se reproduziram rapidamente e ameaçaram danificar tudo o que possuíamos. Suspeitei que nossos tapetes fossem a fonte do problema e os submeti a uma limpeza minuciosa. Também desconfiei de nossos móveis e os mandei estofar novamente. Suspeitei de todas as possibilidades imagináveis. Por fim, lembrei-me do barril na adega. Imediatamente, eu o trouxe para fora e o abri, e posso afirmar com segurança que milhares de traças saíram dele. O antigo morador da casa deve tê-lo lacrado com algo dentro que causou a infestação de traças, e essa foi a origem de todos os meus problemas.

Agora, creio que, da mesma forma, algum hábito ou indulgência de aparência inocente, algo que parece insignificante e seguro, mas sobre o qual, ocasionalmente, sentimos pequenos remorsos de consciência — algo que não é completamente exposto à luz e examinado sob o olhar perspicaz de Deus —, está na raiz da maioria dos fracassos nessa vida interior. Nem tudo é abandonado. Algum canto secreto é mantido trancado, impedindo a entrada do Senhor. Algum mal está oculto nos recônditos de nosso coração, e, por isso, não conseguimos permanecer firmes diante de nossos inimigos e nos vemos derrotados em sua presença.

Para evitar o fracasso, ou para descobrir sua causa, se percebermos que falhamos, é necessário manter constantemente diante de nós a seguinte oração: "Sonda-me, ó Deus, e conhece o meu coração; prova-me, e conhece os meus pensamentos;

Vê se *há* em mim *algum* caminho mau, e guia-me pelo caminho eterno" (Salmos 139:23-24).

Deixe-me suplicar, no entanto, queridos cristãos, que não pensem, por eu ter abordado o tema do fracasso, que acredito nele. Não há absolutamente necessidade para isso. Conforme a promessa a seu respeito, o Senhor Jesus é capaz de nos livrar das garras dos nossos inimigos, para que "o sirvamos sem temor, em santidade e em retidão perante Ele todos os dias da nossa vida" (Lucas 1:74-75). Portanto, oremos incessantemente, dia e noite: "Senhor, guarda-nos do pecado e torna-nos testemunhas vivas do teu grandioso poder de salvar totalmente"; e não fiquemos satisfeitos até que estejamos tão moldáveis em suas mãos e tenhamos aprendido a confiar tanto nele que Ele "vos aperfeiçoe em toda boa obra para fazerdes sua vontade, operando em vós o que é agradável à vista dele, por meio de Cristo Jesus, ao qual *seja* a glória para sempre e sempre. Amém" (Hebreus 13:21).

Deus está em tudo?

Um dos maiores desafios para uma experiência sólida na vida interior é a dificuldade de enxergar Deus em tudo. As pessoas dizem: "Posso facilmente me submeter às coisas que vêm de Deus; mas não consigo me submeter ao homem, e a maioria dos meus desafios e cruzes vem por meio das ações humanas". Ou dizem: "É muito lindo falar sobre confiança; mas, quando entrego um assunto a Deus, o homem sempre aparece e bagunça tudo; e, embora eu não tenha dificuldade em confiar em Deus, vejo sérias dificuldades em confiar nos homens".

Esse não é um problema imaginário, mas é de extrema importância; e, se não puder ser enfrentado, realmente tornará a vida de fé uma teoria impossível e ilusória. Pois quase tudo na vida nos chega pelas ações humanas, e a maioria de nossos desafios resulta de fracasso, ignorância, descuido ou pecado de alguém. Sabemos que Deus não pode ser o autor dessas coisas; no entanto, a menos que Ele seja o agente nesse assunto, como podemos lhe dizer: "Seja feita a tua vontade"?

Além disso, qual é o benefício de confiar nossos assuntos a Deus se, afinal, permitimos que o homem intervenha e os desorganize? E como é possível viver pela fé se as ações humanas, nas quais seria errado e tolo confiar, têm influência predominante na formação de nossa vida?

Ademais, as situações nas quais podemos perceber a mão de Deus sempre têm uma doçura que consola, mesmo enquanto estão machucando; porém, as provações que são realizadas pelo homem são repletas apenas de amargura.

Então, o necessário é enxergar a presença de Deus em tudo e receber tudo diretamente de suas mãos, sem a intervenção de causas secundárias; e é exatamente a isso que devemos ser levados antes de podermos experimentar de forma duradoura uma entrega completa e uma confiança perfeita. Nossa entrega deve ser para Deus, não para o homem; e nossa confiança deve estar nele, não em qualquer força humana, ou então falharemos já na primeira provação.

A questão que surge imediatamente é: "Mas Deus está mesmo em tudo, e nós temos alguma garantia nas Escrituras de receber tudo de suas mãos, sem levar em consideração as causas secundárias que possam ter contribuído para isso?". Minha resposta a isso, sem hesitar, é: *Sim*. Para os filhos de Deus, tudo vem, de forma direta, da mão do Pai, não importando quem ou o que possam ser, aparentemente, os agentes envolvidos. Não há "causas secundárias" para eles.

Todo o ensino das Escrituras afirma e sugere isso. Nem mesmo um pardal cai no chão sem o conhecimento do nosso Pai. Até os fios de cabelo da nossa cabeça estão todos contados. Não devemos nos preocupar com nada, porque nosso Pai cuida de nós. Não devemos nos vingar, pois nosso Pai assumiu a responsabilidade por nossa defesa. Não devemos temer, pois o Senhor está ao nosso lado. Ninguém pode estar contra nós, pois Ele está a nosso favor. Nada nos faltará, pois Ele é nosso Pastor. Quando atravessarmos os rios, não seremos submersos, e quando atravessarmos o fogo, não seremos queimados, porque Ele estará conosco. Ele fecha a

DEUS ESTÁ EM TUDO?

boca dos leões para que não nos machuquem. "Ele livra e resgata" (Daniel 6:27); "Ele muda os tempos e as estações; destrona reis e instala reis" (Daniel 2:21). O coração do homem está em sua mão e, "*como* ribeiros de águas, o coração do rei *reside* na mão do Senhor: Ele o inclina para onde quiser" (Provérbios 21:1); "*não* governas sobre todos os reinos dos pagãos? E em tuas mãos *não estão* poder e força?" (2Crônicas 20:6). "Tu dominas a fúria do mar, quando se levantam as suas ondas, tu as acalmas" (Salmos 89:9). Ele "desfaz o conselho dos pagãos; anula o efeito das tramas dos povos" (Salmos 33:10). "Tudo o *que* agradou ao Senhor Ele fez, no céu e na terra, nos mares e em todos os abismos" (Salmos 135:6). "Eis que essas *são* porções de seus caminhos, mas quão pouco se ouve dele? E o trovão de seu poder, quem pode entender?" (Jó 26:14). "Não sabes? Não ouviste que o Deus eterno, o Senhor, o Criador dos confins da terra, não desfalece nem se cansa? Não *há* esquadrinhamento do seu entendimento" (Isaías 40:28).

E justamente esse Deus é declarado como "nosso refúgio e fortaleza, socorro bem presente na angústia. Portanto não temeremos, ainda que a terra se transtorne, e ainda que os montes se abalem para o meio do mar; *ainda* que as suas águas rujam *e* se perturbem, *ainda* que os montes se abalem com a sua fúria" (Salmos 46:1-3). "Direi do Senhor: Ele é o meu refúgio e a minha fortaleza, o meu Deus; nele confiarei. Certamente Ele te livrará do laço do passarinheiro, *e* da peste perniciosa. Ele te cobrirá com as suas penas, e debaixo das suas asas estarás seguro; a sua verdade *será o teu* escudo e broquel. Não terás medo do terror noturno, *nem* da flecha *que* voa de dia; *nem* da peste *que* anda nas trevas, nem da destruição *que* assola ao meio-dia. Mil cairão ao teu lado, e dez mil à tua direita; *mas* isso não chegará perto de ti. Somente com os teus olhos contemplarás e verás a recompensa dos ímpios. Porque tu fizeste do Senhor, *que* é o meu refúgio, *a saber*, o Altíssimo, a tua habitação; nenhum mal te sucederá, nem praga alguma chegará à tua tenda. Porque aos seus anjos dará ordem a teu respeito, para te guardarem em todos os teus caminhos" (Salmos 91:2-11); "contentai-vos com o que tendes, pois disse: 'Não te deixarei, nem te desampararei'. Para que possamos dizer intrepidamente: 'O Senhor *é* meu auxiliador, e não temerei o que me possa fazer o homem'" (Hebreus 13:5-6).

Para mim, essas passagens, e muitas outras como elas, resolvem para sempre a questão do poder das "causas secundárias" na vida dos filhos de Deus. Todas as causas secundárias devem estar sob o controle do nosso Pai, e nenhuma delas pode nos tocar exceto com seu conhecimento e por sua permissão. Pode ser o pecado do homem que origina a ação e, portanto, a própria situação não pode ser considerada a vontade de Deus; mas, quando chega até nós, torna-se a vontade de Deus para nós e deve ser aceita como diretamente de suas mãos. Nenhum homem ou grupo de homens, nenhum poder na terra ou no céu, pode tocar aquela alma que está habitando em Cristo sem primeiro passar pela presença envolvente de Deus e receber o selo de sua permissão. Se Deus é por nós, não importa quem esteja contra nós; nada pode nos perturbar ou prejudicar, a menos que Ele veja que é melhor para nós e permita que aconteça.

O cuidado de um pai terreno por seu filho indefeso é uma débil ilustração disso. Se a criança está nos braços de seu pai, nada pode tocá-la sem o consentimento daquele pai, a menos que ele seja muito fraco para impedir. E, ainda que esse seja o caso, ele sofre o dano primeiro em si mesmo antes de permitir que atinja seu filho. Se um pai terreno cuida assim de seu pequeno indefeso, quanto mais nosso Pai celestial, cujo amor é infinitamente maior, e cujas força e sabedoria nunca podem ser frustradas, cuidará de nós! Receio que haja alguns, mesmo entre os próprios filhos de Deus, que mal pensam que Ele seja igual a eles em ternura, amor e cuidado previdente; e que, em seus pensamentos secretos, acusam o Senhor de negligência e indiferença dos quais eles próprios se sentiriam incapazes. A verdade é que o cuidado de Deus é infinitamente superior a qualquer possibilidade de cuidado humano; e que Ele, que conta até os fios de cabelo de nossa cabeça e não deixa um pardal cair sem a sua permissão, nota os mínimos detalhes que podem afetar a vida de seus filhos e a todos administra de acordo com sua perfeita vontade, independentemente de sua origem.

São vários os exemplos a esse respeito. Veja José, por exemplo. O que poderia parecer mais claramente, à primeira vista, ser resultado do pecado e totalmente contrário à vontade de Deus do que a ação de seus irmãos ao vendê-lo como escravo? E, ainda assim, José, ao falar sobre isso, disse: "Mas, quanto a vós, intentastes o mal contra mim, *mas* Deus o tornou em bem" (Gênesis 50:20). "Agora, pois, não vos entristeçais, nem vos indigneis contra vós mesmos por me haverdes vendido para cá, pois Deus me enviou adiante de vós para conservar a vida" (Gênesis 45:5). Certamente, os irmãos de José pecaram, mas, quando a situação chegou a José, tornou-se a vontade de Deus para ele. Na verdade, embora ele não tenha percebido na época, foi a maior bênção de toda a sua vida. E, assim, vemos como Deus faz com que a afirmação "a cólera do homem te louvará" (Salmos 76:10) seja verdadeira e, como todas as coisas, até mesmo os pecados dos outros "cooperam para o bem daqueles que amam a Deus" (Romanos 8:28).

Eu aprendi essa lição de forma prática e experimental muito antes de compreender a verdade das Escrituras a seu respeito. Certa vez, estava participando de uma reunião de oração voltada para a vida de fé quando uma senhora desconhecida se levantou para falar. Eu a observei, curiosa para saber quem era ela, sem imaginar que traria uma mensagem que me ensinaria uma grande lição prática. Ela compartilhou suas dificuldades em viver pela fé, atribuindo-as às causas secundárias que pareciam controlar seus problemas. Essa perplexidade a levou a pedir a Deus que lhe ensinasse a verdade sobre o assunto, se Ele realmente estava presente em todas as situações. Após orar dessa forma por alguns dias, ela teve o que classificou como uma visão. Ela se viu em um lugar completamente escuro, quando, então, uma luz foi se aproximando dela gradualmente, envolvendo-a e tudo ao seu redor. À medida que se aproximava, uma voz parecia dizer: "Esta é a presença de Deus! Esta é a presença de Deus!". Enquanto estava cercada por essa presença, todas as coisas grandiosas e terríveis da vida pareciam passar à sua frente: exércitos lutando, homens maus, bestas enfurecidas, tempestades e pestes, pecado e sofrimento de todos os tipos. A princípio, ela recuou com medo, mas logo percebeu que a presença de Deus cercava e envolvia a si mesma e a cada uma dessas coisas, de modo que nem mesmo um leão poderia estender sua pata, nem uma bala voar, exceto quando a presença de Deus se afastava para permitir isso. E ela viu que, mesmo que houvesse uma camada bem fina dessa gloriosa presença entre ela e a violência mais terrível, nem mesmo um fio de cabelo de sua cabeça poderia ser amarrotado, nem nada poderia tocá-la, exceto quando a presença se dividia para permitir que o mal passasse. Então, todas as coisas pequenas e irritantes da vida passaram diante dela; e, igualmente, ela viu que também ali estava tão envolvida na presença de Deus que nem um olhar de desagrado, nem uma palavra dura, tampouco uma discreta provocação de qualquer tipo poderia afetá-la, a menos que a presença envolvente de Deus se movesse para permitir.

Sua dificuldade se dissipou. Ela teve resposta para sua dúvida de uma vez por todas. Deus estava em tudo e, desse momento em diante, não havia mais causas secundárias para ela. Ela se deu conta de que sua vida vinha diretamente da mão de Deus, dia após dia, hora após hora, independentemente das ações que parecessem controlá-la. A partir de então, nunca mais teve dificuldade em aceitar a vontade de Deus e confiar plenamente em seu cuidado.

Quem dera fosse possível fazer com que todo cristão enxergasse essa verdade tão claramente quanto eu a vejo! Pois estou convencida de que essa é a única chave para uma vida completamente tranquila. Nada mais poderá fazer que uma alma viva apenas no momento presente, como somos ordenados a fazer, e que não se preocupe com o dia de amanhã. Nada mais removerá todos os riscos e "suposições" da vida de um cristão, e o capacitará a dizer: "Certamente a bondade e a misericórdia me seguirão todos os dias de minha vida" (Salmos 23:6). Sob o cuidado de Deus, não corremos riscos. Certa vez, ouvi de uma mulher negra e pobre que ganhava a vida precariamente com trabalho diário, mas que era uma cristã alegre e triunfante. "Ah, Nancy", disse-lhe um dia uma melancólica senhora cristã que quase desaprovava sua alegria constante, mas a invejava a esse respeito, "Ah, Nancy, tudo certo sentir-se feliz agora, mas acredito que os pensamentos sobre o seu futuro a deixariam mais séria. Apenas suponha, por exemplo, que você fique doente e não possa trabalhar; ou suponha que seus empregadores atuais se mudem e ninguém mais lhe dê nada para fazer; ou suponha..." "Pare!", gritou Nancy. "Eu nunca suponho. O Senhor é meu Pastor, e eu sei que nada me faltará. E, querida", acrescentou ela à sua amiga melancólica, "todas essas *suposições* é que estão deixando você tão infeliz. Você deveria abandoná-las e confiar apenas no Senhor".

Nada além disso, ou seja, de enxergar Deus em tudo, nos tornará amorosos e pacientes com aqueles que nos irritam e perturbam. Para nós, eles serão apenas instrumentos para cumprir os propósitos ternos e sábios de Deus em relação a nós e até mesmo nos encontraremos, ao final, agradecendo interiormente por eles, pelas bênçãos que trazem.

O SEGREDO DA VERDADEIRA FELICIDADE

Nada mais acabará por completo com todos os pensamentos de murmúrios ou rebelião. Muitas vezes, os cristãos sentem-se à vontade para murmurar contra o homem, quando não ousariam murmurar contra Deus. Portanto, adotar essa maneira de encarar as coisas tornaria a murmuração impossível. Se nosso Pai permite que enfrentemos uma provação, é porque essa experiência é o melhor que poderia acontecer conosco, e devemos recebê-la com gratidão de sua mão amorosa. Isso não significa, porém, que devemos encontrar prazer na própria provação, mas, sim, que devemos aceitar a vontade de Deus nela; e isso não é difícil quando aprendemos a reconhecer que sua vontade é a do amor e, portanto, sempre é bela.

Um exemplo muito claro disso pode ser observado no ato comum de uma mãe dando remédio ao seu filho querido. O frasco *contém* o medicamento, mas é a mãe quem o *dá*; e o frasco não é responsável, mas, sim, a mãe. Não importa quão cheio esteja seu armário de frascos de remédio, a mãe não permitirá que nem mesmo uma gota seja dada à criança a menos que ela acredite que será benéfica a ela; mas, quando ela acredita que será benéfica ao seu filho amado, a profundidade de seu amor a obriga a administrá-lo à criança, não importa quão amargo seja o sabor do medicamento.

Com frequência, as pessoas ao nosso redor são como os frascos que contêm nosso remédio, mas é a mão de amor do nosso Pai que derrama o remédio e nos obriga a tomá-lo. O frasco humano é a "causa secundária" de nossa provação; porém, ele não tem uma agência real nisso, pois o remédio que esses "frascos" humanos contêm é prescrito para nós e nos é dado pelo Grande Médico de nossas almas, que, dessa forma, busca curar todas as nossas doenças espirituais.

Por exemplo, não há remédio melhor para curar a irritabilidade do que ser obrigado a conviver com um "frasco" humano de sensibilidade, a quem somos obrigados a considerar e ceder.

Devemos, então, rebelar-nos contra os frascos humanos? Não devemos, em vez disso, aceitar com gratidão da mão de nosso Pai o remédio que eles contêm e, deixando de lado a causa secundária, dizer alegremente: "Que seja feita a tua vontade!" em tudo que nos acontece, não importa qual seja a origem?

Essa perspectiva de ver nosso Pai em tudo transforma a vida em uma longa ação de graças, proporcionando descanso ao coração e, além disso, uma alegria de espírito indescritível.

Em seu maravilhoso hino sobre a vontade de Deus, Faber disse:

> Não sei o que é duvidar.
>> Meu coração está sempre alegre.
> Não corro riscos, pois, aconteça o que acontecer,
>> sempre ages como queres.

Assim, uma vez que Deus certamente terá seu próprio caminho em relação àqueles que se entregam a ele em plena confiança, em que maravilhosos campos verdes de descanso interior e, ao lado de que abençoadas águas tranquilas de refrigério interior Ele os conduzirá!

Se a vontade de Deus é a mesma que a nossa, e se ele sempre alcança o que deseja, então também nós conseguimos realizar nossos desejos, e reinamos em um reino eterno. Aquele que está do lado de Deus não pode deixar de vencer em cada batalha; e, seja qual for o resultado, tanto alegria como tristeza, tanto fracasso como sucesso, tanto morte como vida, nós podemos, em todas as circunstâncias, nos juntar ao grito de vitória do apóstolo: "Graças a Deus, o qual sempre nos faz triunfar em Cristo" (2Coríntios 2:14).

A VONTADE DE DEUS

> Doce, amada vontade de Deus,
>> minha âncora, minha fortaleza.

Bela e silenciosa morada de meu espírito,
em ti me escondo e me aquieto.

Vontade, que desejas somente o bem,
guia o caminho, pois guias melhor.
Como criança, sigo,
e, confiando, apoio-me em teu peito.

Dos *Hinos de consagração*

Tua bela, doce vontade, meu Deus,
mantém-se firme em teu abraço sublime.
Minha vontade cativa, como pássaro alegre,
prisioneiro nesse reino da graça.

Nesse lugar de garantida bondade,
o amor expande cada vez mais as asas.
Ou, aninhando-se em tua escolha perfeita,
permanece contente com o que traz.

Ah, fardo tão doce, jugo tão leve,
enleva e carrega minha alma feliz.
Concede asas a este pobre coração.
Minha liberdade é teu grandioso controle.

Sobre a vontade de Deus me deito,
como criança no seio da mãe.
Nenhum sofá de seda, nem cama mais macia
poderia me dar descanso tão doce.

Tua maravilhosa, grandiosa vontade, meu Deus,
com triunfo aceito como minha.
E o amor clamará um *sim* zeloso
a cada querido comando teu.

TERCEIRA PARTE

Resultados

Escravidão ou liberdade

É um fato indiscutível que existem dois tipos de experiência cristã: um, a experiência de escravidão; o outro, a experiência de liberdade.

No primeiro caso, a alma é controlada por um rígido senso de dever e obedece à lei de Deus, seja por medo de punição, seja por expectativa de recompensa. No segundo caso, o poder controlador é um princípio de vida interior, que manifesta, pela força de seus próprios movimentos ou instintos, a vontade do doador da vida divina, sem medo de punição ou esperança de recompensa. No primeiro, o cristão é um escravo e trabalha por salário; no segundo, ele é um filho e trabalha por amor.

É verdade que não deveria haver esse contraste na experiência dos cristãos, uma vez que "caminhar em liberdade" é, de forma clara, seu único estado adequado e natural; mas, como lidamos com o que é, e não com o que deveria ser, não podemos fechar os olhos à triste condição de escravidão em que muitos dos filhos de Deus passam boa parte de sua vida cristã. Não é difícil encontrar a razão e a cura para isso. A razão é o legalismo; a cura, Cristo.

Em nenhum lugar encontramos essas duas formas ou estágios da vida cristã mais bem desenvolvidos e contrastados do que em Gálatas. A epístola foi escrita porque alguns irmãos judeus tinham visitado as igrejas na Galácia e argumentado que certas práticas e rituais eram essenciais para a salvação, buscando, assim, afastá-los da liberdade do evangelho. E Pedro havia se juntado a esses mestres. Portanto, Paulo reprova não apenas os gálatas, mas também a conduta de Pedro.

Nem Pedro nem os gálatas haviam cometido nenhum pecado moral, mas haviam cometido um pecado espiritual. Eles adotaram uma atitude de alma errada para com Deus — uma atitude legalista. Inicialmente, como a maioria dos cristãos, começaram na atitude correta, ou seja, entraram na vida espiritual por "ouvirem da fé" (Gálatas 3:5). No entanto, quando se tratou de como deveriam viver nesta vida, mudaram sua abordagem. Tentaram substituir fé por obras. Apesar de terem "começado pelo Espírito", agora estavam buscando ser "aperfeiçoados pela carne" (Gálatas 3:3). No fundo, haviam transitado, em sua caminhada cristã, do plano da vida para o plano da lei.

Uma ilustração nos ajudará a entender isso. Você tem dois homens que não roubam. Suas ações externas são igualmente honestas, mas há uma diferença crucial em seu íntimo. Um deles tem uma natureza desonesta que deseja roubar e é impedido apenas pelo medo de uma punição; o outro, porém, tem uma natureza honesta que abomina o roubo e não poderia ser induzido a roubar, ainda que fosse pela esperança de uma recompensa. Um é honesto no espírito; o outro é honesto apenas na carne. Não há necessidade de falar sobre qual tipo a vida cristã se destina a ser.

No entanto, somos continuamente tentados a esquecer que não é o que os homens *fazem* que é o aspecto crucial, mas, sim, o que eles *são*. Em Cristo Jesus, nem a prática de observâncias legais tem valor, nem a ausência delas, "mas [ser] uma nova criatura" (Gálatas 6:15). Deus está muito mais preocupado com o fato de realmente *sermos* "novas criaturas" do que com qualquer outra coisa; porque Ele sabe que, se estivermos corretos quanto ao nosso ser interior, certamente *faremos* o certo quanto às nossas ações exteriores. Às vezes, podemos *agir* de forma correta sem realmente *sermos* íntegros; e é claro que esse tipo de ação não tem vitalidade ou importância genuína. Portanto, o essencial é o caráter; e a *ação* só é valiosa quando reflete quem *somos*.

Paulo estava entristecido com os cristãos da Galácia porque pareciam ter perdido de vista essa verdade crucial, que a vida interior, a "nova criatura", era a única coisa que importava. Eles começaram nesse caminho, mas tinham "caído da graça" para um nível mais baixo, no qual a "caducidade da letra" fora colocada no lugar da "novidade de espírito" (Romanos 7:6). "Cristo tornou-se sem efeito para vós, para todos quantos dentre vós vos justificais pela lei; caístes da graça" (Gálatas 5:4).

Essa passagem é a única em que a expressão "caístes da graça" é usada no Novo Testamento; e significa que os gálatas cometeram o erro de pensar que algo além de Cristo seria necessário para uma correta vida cristã. Os irmãos judeus que haviam chegado entre eles ensinaram que Cristo somente não era suficiente, mas que a obediência à lei cerimonial deveria ser adicionada.

Portanto, eles haviam incorporado às suas práticas, como se fosse algo necessário para a salvação, alguns cerimoniais do ritual judaico e tentado obrigar "os gentios a viver como os judeus" (Gálatas 2:14). Atualmente, os cristãos ficam muito surpresos com eles e se perguntam como puderam ser tão legalistas. Mas acaso não há a mesma tentação para a legalidade, de uma forma diferente, entre esses mesmos cristãos de hoje em dia? *Eles* introduziram a lei cerimonial; nós introduzimos resoluções, esforços, trabalhos cristãos, participação na igreja ou cerimônias religiosas de várias formas; então, qual é a diferença entre nós e eles? Não importa muito o que é adicionado; o problema é adicionar algo.

Estamos cheios de condenação em relação à "religião dos judeus", porque ela "compromete a graça de Deus" e faz com que Cristo seja "morto em vão", ao depender de ações exteriores e cerimônias externas para trazer salvação. Mas temo que haja uma grande quantidade da "religião dos judeus" misturada com a religião cristã atual, assim como havia entre esses cristãos da Galácia, e que a graça de Deus seja igualmente comprometida por nossa legalidade e pela deles, embora a nossa se manifeste de uma forma ligeiramente diferente.

Essas comparações podem auxiliar algumas pessoas a identificarem a diferença entre esses dois tipos de religião e onde reside o segredo de sua própria experiência de escravidão legalista:

A lei diz: *"Faça* isso, e você viverá".	O evangelho diz: *Viva*, e então você fará.
A lei diz: *"Pague* o que me deve".	O evangelho diz: Eu sinceramente *perdoo* tudo.
A lei diz: "Também vos *darei* um novo coração, e porei um novo espírito em vós".	O evangelho diz: Eu te *darei* um novo coração e um novo espírito colocarei dentro de ti.
A lei diz: "Amarás o Senhor teu Deus de todo o coração, e de toda a alma, e de toda a mente" (Mateus 22:37).	O evangelho diz: "Nisto se encontra o amor, não em que tenhamos amado a Deus, mas em que Ele nos amou e enviou seu Filho para *ser* propiciação por nossos pecados" (1João 4:10).

ESCRAVIDÃO OU LIBERDADE

A lei diz: "Maldito *é* todo aquele que não persevera em todas as coisas escritas no livro da lei para cumpri-las" (Gálatas 3:10).	O evangelho diz: "*Bem-aventurado* é aquele cuja transgressão é perdoada, cujo pecado é coberto" (Salmos 32:1).
A lei diz: "O *salário* do pecado é a morte" (Romanos 6:23).	O evangelho diz: "O *dom* de Deus é a vida eterna por Jesus Cristo, nosso Senhor" (Romanos 6:23).
A lei *exige* santidade.	O evangelho *traz* santidade.
A lei diz: "*Faça*".	O evangelho diz: Está *feito*.
A lei *rouba* o serviço relutante de um servo.	O evangelho *conquista* o serviço amoroso de um filho e do homem livre.
A lei faz das bênçãos o resultado da *obediência*.	O evangelho faz da obediência o resultado das *bênçãos*.
A lei coloca o dia de descanso no final da semana de trabalho.	O evangelho o coloca no início.
A lei diz: "Se".	O evangelho diz: *Portanto*.
A lei foi dada para a contenção do velho homem.	O evangelho foi dado para trazer liberdade ao novo homem.
Sob a lei, a salvação era uma *recompensa*.	Sob o evangelho, a salvação é uma *dádiva*.

Essas duas formas de vida religiosa começam exatamente em pontos opostos. A religião do legalismo é como se alguém decidisse ter um pomar de maçãs e tentasse criar um, primeiro obtendo algumas maçãs do tipo desejado, depois conseguindo uma árvore e prendendo as maçãs em seus galhos, e depois obtendo raízes para fixar no tronco, e finalmente comprando um campo para plantar sua árvore montada. Ou seja, primeiro o fruto, segundo os galhos, terceiro a raiz, quarto o campo. Mas a religião da graça segue uma ordem diferente. Ela começa pela raiz, cresce e floresce em flores e frutos.

Paulo nos ensina que a lei "foi nosso tutor" (Gálatas 3:24a), não nosso salvador; e destaca que o papel dela como tutor é apenas nos conduzir a Cristo, pois, quando a fé em Cristo chega, não precisamos mais estar sob tutela. Ele usa a diferença entre um servo e um filho para ilustrar seu ponto. "Portanto", diz ele, "não és servo, mas filho" (Gálatas 4:7), e nos encoraja, por causa disso, a permanecer "firmes, portanto, na liberdade com que Cristo nos libertou, e não vos enredeis outra vez no jugo da escravidão" (Gálatas 5:1).

É como se uma mulher tivesse desempenhado o papel de serva em uma casa, recebendo pagamento semanal por seu trabalho, e submetida à lei de seu mestre, a quem ela se esforçava para agradar, mas para quem seu serviço era apenas uma obrigação. No entanto, por fim, o mestre lhe oferece seu amor e a eleva do lugar de serva ao de sua noiva e compartilha sua fortuna. Imediatamente, todo o espírito de seu serviço é transformado. Ela pode continuar a fazer as mesmas coisas que fazia antes, mas agora as faz de maneira plena, por um motivo diferente. O antigo senso de dever é perdido no novo senso de amor. A fria palavra "mestre" é transformada na amorosa palavra "marido". "'E sucederá naquele dia', diz o Senhor, '*que* me chamarás Ishi [meu marido], e não mais me chamarás Baali [meu senhor]'" (Oseias 2:16).

Mas imagine essa noiva começando, após algum tempo, a olhar para trás em relação ao seu estado anterior, e se sentindo tão sobrecarregada por essa retrospectiva a ponto de se sentir indigna da união com seu marido, e consequentemente perdendo o sentido mais profundo dessa união. Alguém duvidaria que logo o antigo sentido de trabalhar por salário suplantaria o novo sentido de trabalhar por amor, e em espírito o antigo nome de "meu mestre" voltaria a ocupar o lugar do novo nome, "meu marido"?

Ficamos perplexos com essa atitude insensata. Mas não é exatamente isso que acontece com muitos cristãos agora? A servidão do dever assume o lugar do serviço por amor; e Deus é visto como o rigoroso mestre que exige nossa obediência, em vez do Pai amoroso que a conquista.

Todos sabemos que nada destrói tanto a doçura de qualquer relação quanto a entrada desse espírito legalista. No momento em que um marido e uma esposa deixam de realizar seus serviços um para o outro com um coração de amor e união, e começam a fazê-lo apenas por um sentido de dever, nesse momento a doçura da união se perde, e o vínculo matrimonial se torna uma escravidão, e coisas que eram uma alegria antes se transformam em cruzes. Isso está no âmago, acredito, da ideia muito citada de "tomar a cruz" na igreja cristã. Pensamos que significa fazer algo que deveríamos fazer, mas que não gostamos de fazer. E tal serviço é considerado muito meritório para com Deus; embora todos saibamos que não o suportaríamos nem por um momento se fosse direcionado a nós mesmos. Que esposa poderia suportar se seu marido usasse em relação a ela a linguagem que os cristãos continuamente usam em relação ao Senhor; se ele dissesse, por exemplo, todas as manhãs, ao sair para o trabalho: "Estou indo trabalhar para você hoje, mas quero que saiba que é um grande fardo, e mal sei como suportá-lo"? Ou que marido gostaria de tal linguagem de sua esposa? Não é de admirar que Paulo tenha ficado alarmado ao perceber que havia o perigo de um espírito legalista dessa natureza se infiltrar na igreja de Cristo.

Os cristãos legalistas não negam Cristo; eles apenas buscam acrescentar algo a Cristo. A ideia deles é Cristo e... algo além. Talvez seja Cristo e boas obras, ou Cristo e sentimentos sinceros, ou Cristo e doutrinas claras, ou Cristo e certas práticas religiosas. Todas essas coisas são boas em si mesmas, e boas em consequência ou como fruto da salvação; mas acrescentar qualquer coisa a Cristo, não importa quão boa seja, como causa de salvação, é negar sua completude e exaltar o ego. As pessoas suportarão muitos sacrifícios dolorosos em vez de assumir a posição de impotência e inutilidade plenas. Um homem estaria disposto a se contentar em ser um Simeão Estilita ou até mesmo um faquir, desde que fosse ele mesmo que realizasse as ações, para que possa compartilhar a glória. E uma religião de escravidão sempre exalta o ego. É o que *eu* faço — *meus* esforços, *minhas* lutas, *minha* fidelidade. Mas uma religião de liberdade não dá margem para o ego vangloriar-se; é tudo em Cristo, e o que ele faz, e o que ele é, e como maravilhosamente ele salva. A criança não se vangloria de si mesma, mas de seu pai e de sua mãe; e nossas almas podem "se vangloriar no Senhor" quando, nesta vida de liberdade, aprendemos que ele, e somente ele, é suficiente para todas as nossas necessidades.

Nós somos os filhos de Deus e, portanto, claro, seus herdeiros; e nossas posses vêm até nós, não por trabalharmos por elas, mas por herança de nosso Pai. Ah, queridos amigos, como alguns de vocês se comportam pouco como "herdeiros de Deus"! Como vocês são pobres e como trabalham arduamente pelo pouco que possuem!

Você talvez possa apontar para os resultados de seu trabalho legalista ou para seu ascetismo, que, na verdade, têm uma "aparência de sabedoria na pretensa adoração, e humildade, e severidade com o corpo" (Colossenses 2:23), como uma prova da correção de seu caminho. Mas estou convencida de que quaisquer resultados realmente bons que existam vieram apesar, e não por causa, de seu trabalho legalista.

Tive uma amiga cuja vida cristã era uma vida de escravidão. Ela trabalhava por sua salvação mais do que qualquer escravo já trabalhou para comprar sua liberdade. Entre outras coisas, ela nunca sentia que o dia poderia correr bem para ela ou qualquer um de sua família, a menos que o iniciasse com uma longa temporada de luta, agonia e conflito; eu chamava isso de "dar corda em sua máquina". Certo dia, durante uma conversa entre nós duas, ela compartilhou sobre a dificuldade e o sentimento de escravidão em sua vida cristã, questionando o significado das palavras da Bíblia sobre o jugo de Cristo ser fácil, e seu fardo, leve. Eu lhe disse que achava que, de alguma forma, ela devia ter entendido algo errado, pois a Bíblia sempre expressava a verdade de nossos relacionamentos com Deus usando figuras que não admitiam essas lutas e agonias a que ela se referia. "O que você acharia", perguntei, "de crianças que tivessem de lutar e agonizar com seus pais todas as manhãs por comida e roupas, ou de ovelhas que tivessem de lutar com seu pastor, antes de garantir os cuidados necessários?". "É claro que isso estaria completamente errado", disse ela. "Mas então por que tenho momentos tão bons depois de passar por esses conflitos?" Isso me deixou intrigada por um momento, mas, então, perguntei: "Afinal, o que esses momentos trazem?". "Bem, ao fim e ao cabo", respondeu ela, "eu chego ao ponto de confiar no Senhor". "E se você chegasse a esse ponto desde o início?", perguntei. "Ah", respondeu ela, com uma iluminação repentina, "nunca pensei que isso fosse possível!".

Cristo diz que, se não nos tornarmos "como crianças" (Mateus 18:3), não entraremos no reino dos céus. No entanto, é impossível adquirir o espírito de criança enquanto o espírito de escravo não tiver desaparecido. Veja bem, não estou me referindo ao espírito de servir, mas ao espírito de escravo. Toda boa criança está cheia do espírito de servir, mas não deve ter nada do espírito de escravo. A criança serve por amor; o escravo trabalha por salário.

Se uma criança que conta com pais amorosos tivesse a ideia de que seus pais não dariam comida e roupas a menos que ela, de alguma forma, fizesse por merecer isso, toda a doçura do relacionamento entre pais e filho seria destruída. Conheci uma menininha que teve essa ideia e que foi de porta em porta pelo bairro pedindo trabalho, para que pudesse ganhar um pouco de dinheiro para comprar as próprias roupas. Isso quase partiu o coração de seus pais quando eles descobriram. Os cristãos legalistas entristecem o coração de seu Pai celestial muito mais do que imaginam, deixando o espírito de escravidão se infiltrar em suas relações com ele. Assim que começamos a "trabalhar para nossa subsistência" nas questões espirituais, abandonamos a posição de filhos e nos tornamos escravos e, portanto, "caímos da graça".

Um servo sobre o qual lemos na Bíblia considerava seu senhor um "homem severo" (Mateus 25:24); e o espírito de escravidão nos faz pensar o mesmo agora. Quantos cristãos há que inclinaram seu pescoço ao jugo de Cristo, como se fosse um "jugo de escravidão", e leram suas palavras de que seu jugo é leve, como se fossem um conto de fadas, e seguiram seu caminho, jamais imaginando que isso deveria ser verdade! O fato é que a ideia de que a vida cristã é uma espécie de escravidão está tão profundamente enraizada na igreja que, sempre que algum dos filhos de Deus se vê "caminhando em liberdade", imediatamente começa a pensar que deve haver algo errado em sua experiência, porque não encontra mais nada que lhe seja uma "cruz". Da mesma forma, a esposa poderia pensar que há algo errado com seu amor pelo marido quando percebe que todos os seus gestos em prol dele são fonte de prazer, e não uma provação!

Às vezes, penso que o segredo completo da vida cristã que tenho tentado apresentar é revelado na relação de uma criança com seu pai. Nada mais é necessário além de acreditar que Deus é tão bom quanto o melhor pai terreno ideal e que o relacionamento de um cristão com ele é exatamente o mesmo que o de uma criança com seu pai neste mundo. As crianças não precisam carregar em seus próprios bolsos dinheiro para seu sustento. Se o pai tem bastante, isso satisfaz a elas, e é muito melhor do que se esse dinheiro estivesse em posse da criança, pois, nesse caso, poderia se perder. Da mesma forma, não é necessário que os cristãos tenham todos os seus bens espirituais em sua própria segurança. É muito melhor que suas riquezas estejam guardadas para eles em Cristo e que, quando precisarem de algo, o recebam diretamente das mãos dele. Ele, vindo de Deus, "nos foi feito sabedoria, e justiça, e santificação, e redenção" (1Coríntios 1:30); e, longe dele, nada temos.

Quando as pessoas são praticamente desconhecidas umas para as outras, não se sentem à vontade para receber grandes presentes. Mas, quando estão unidas em espírito, em um vínculo de amor verdadeiro entre elas, então não importa quão generosos os presentes possam ser, eles podem ser aceitos sem qualquer sensação de desconforto ou de obrigação de ambos os lados.

Esse princípio se aplica à vida espiritual. Quando os cristãos estão longe de Deus, não conseguem aceitar grandes presentes dele. Sentem-se como se fossem indignos demais e não merecessem tais presentes; e, mesmo quando Ele coloca a bênção em seus próprio colo, por assim dizer, sua falsa humildade os impede de reconhecê-la, e eles seguem adiante sem ela.

Mas, quando os cristãos se aproximam o bastante do Senhor para experimentar o verdadeiro espírito de adoção, estão dispostos a receber com alegria todas as bênçãos que Ele lhes tem preparado, sem hesitação ou consideração de algo como excessivo. Pois, então, descobrem que ele está ansioso, assim como os pais estão, para derramar toda boa dádiva sobre seus filhos e que, na verdade, todas as coisas são deles, porque eles pertencem a Cristo, e Cristo pertence a Deus.

Às vezes, fazem um grande mistério sobre a vida com Cristo escondida em Deus, como se fosse algo estranho e místico que as pessoas comuns não pudessem entender. Mas esse contraste entre escravidão e liberdade torna isso bastante claro. Basta perceber que não somos mais escravos, mas filhos, e começar a desfrutar plenamente os abençoados privilégios dessa relação. Todos podem entender o que é ser uma criança; não há mistério nisso. Deus não usou a figura de Pai e filhos sem saber tudo o que essa relação implica; e, portanto, aqueles que o conhecem como Pai conhecem todo o segredo. Eles são herdeiros de seu Pai e têm acesso imediato a tudo aquilo de que precisam para satisfazer às suas necessidades atuais. Desse modo, podem ser muito simples em suas orações. "Senhor", dirão, "eu sou seu filho, e preciso de tais e tais coisas". "Meu filho", responde ele, "todas as coisas são suas em Cristo; apenas venha e leve o que precisa".

Quando os responsáveis são pessoas honradas, os herdeiros de uma propriedade não precisam "brigar" por sua herança. Os responsáveis são designados não para impedir sua posse, mas para ajudá-los a obtê-la. Às vezes, penso que os cristãos veem nosso Senhor como alguém destinado a impedi-los de alcançar suas posses, em vez de entenderem que ele veio para conduzi-los até elas. Eles não percebem em que medida uma sugestão desse tipo entristece e desonra o Pai.

É por não conhecerem a verdade sobre seu relacionamento com Deus, como filhos que se dirigem a um pai, e não reconhecerem seu coração paternal em relação a eles, que os cristãos legalistas estão em escravidão. Quando eles reconhecem isso, o espírito de escravidão se torna impossível para eles.

Portanto, nossa liberdade deve ter origem na compreensão da mente e dos pensamentos de Deus a nosso respeito.

Quais são os fatos envolvidos nessa questão? Se Ele nos chamou apenas para o lugar de servos, então os cristãos cuja vida é de exaustiva escravidão estão certos. Mas, se Ele nos chamou para ser filhos e herdeiros, se somos seus amigos, seus irmãos, sua noiva, então é triste e profundamente errado estarmos presos a qualquer tipo de jugo de escravidão, por mais piedoso que possa parecer.

O conceito de escravidão é completamente repulsivo em qualquer relação terrena verdadeira, e decerto deve ser ainda mais abominável na relação celestial. Isso, é claro, não impedirá a entrada final da alma pobre e escravizada em seu repouso celestial, mas estou certa de que a colocará na triste condição daqueles que são apresentados em 1Coríntios 3:11-15. Seu trabalho será consumido pelo fogo e eles sofrerão perda; no entanto, eles próprios serão salvos, mas através do fogo.

"Contra essas coisas não há lei" (Gálatas 5:23), essa é a sentença divina sobre todos que vivem e caminham no Espírito; e você descobrirá que isso é mais gloriosamente verdadeiro em sua própria experiência se simplesmente deixar de lado todo esforço próprio e qualquer tipo de dependência própria, e permitir que Cristo viva em você, trabalhe em você e seja sua vida interior.

Aquele que é guiado pelo poder de uma natureza interior justa não está sujeito à escravidão da lei externa da justiça;

por outro lado, quem é limitado apenas pela lei externa, sem a influência interna de uma natureza justa, torna-se escravo da lei. Um cumpre a lei em sua alma e, portanto, é livre. O outro se rebela contra a lei em sua alma e, portanto, é escravo.

Eu gostaria que cada filho de Deus conhecesse a libertação da escravidão que tentei apresentar!

Permitam-me pedir a vocês, meus leitores, que se entreguem completamente ao Senhor Jesus Cristo, para que Ele possa operar "em vós tanto o querer quanto o realizar segundo *seu* beneplácito" (Filipenses 2:13), e possa, por meio da lei do Espírito de Vida que está nele, libertá-los de toda lei que possa escravizá-los.

CAPÍTULO
14

Crescimento

Uma grande crítica feita àqueles que defendem essa vida de fé é que não ensinam o desenvolvimento contínuo na graça. Ensinam que a alma alcança, em um único instante, um estado de perfeição no qual não há mais progresso; alega-se, portanto, que todas as exortações nas Escrituras que apontam para o crescimento e o desenvolvimento são anuladas por esse ensino.

Como o contrário disso é verdadeiro, tentarei, se possível, abordar essas objeções e explicar qual é, segundo a minha compreensão, o caminho bíblico para o crescimento espiritual e em que estágio a alma deve se encontrar para crescer.

O texto mais frequentemente citado é 2Pedro 3:18: "Crescei, porém, na graça e *no* conhecimento de nosso Senhor e Salvador Jesus Cristo". Esse texto expressa exatamente o que nós, que ensinamos essa vida de fé, acreditamos ser a vontade de Deus para nós e também que ele nos possibilitou experimentar. Aceitamos, em seu significado pleno, todos os mandamentos e promessas relacionados ao nosso crescimento espiritual, como não sermos mais crianças e crescermos em Cristo em todas as coisas, até nos tornarmos homens perfeitos, à "medida da estatura da plenitude de Cristo" (Efésios 4:13). Alegramo-nos por não precisarmos continuar sempre como bebês, necessitando de leite; e que, por meio da prática e do desenvolvimento, possamos nos tornar capazes de lidar com alimento sólido, habilidosos na palavra da justiça, aptos para discernir tanto o bem como o mal. E ninguém ficaria mais triste do que nós mesmos diante da ideia de que existe um estágio final na vida cristã além do qual não haveria avanço.

Acreditamos em um crescimento que resulta, genuinamente, em maturidade progressiva e em um desenvolvimento que, na prática, produz frutos maduros. Estamos confiantes de alcançar o objetivo estabelecido diante de nós; e, se não avançarmos nesse caminho, estamos certos de que deve haver alguma falha em nosso crescimento. Nenhum pai ficaria satisfeito com o crescimento de seu filho se, dia após dia e ano após ano, ele permanecesse o mesmo bebê indefeso que era nos primeiros meses de sua vida. E nenhum agricultor ficaria satisfeito com o crescimento de seu grão se ele parasse no estágio da folha e nunca produzisse espiga ou grão maduro. O crescimento, para ser real, deve ser progressivo, e os dias, semanas e meses devem trazer desenvolvimento e maturidade àquilo que está crescendo. Mas isso é o que acontece com grande parte daquilo que é chamado de crescimento na graça? Não será fato que, o cristão mais dedicado em seus anseios e esforços pelo crescimento muitas vezes percebe que, ao final do ano, ele não está tão avançado em sua experiência cristã como no início, e que seu zelo, devoção e separação do mundo podem não ser tão completos ou sinceros como no início de sua vida cristã?

Certa vez, enquanto encorajava um grupo de cristãos a darem um passo imediato e definitivo para a "terra prometida", uma mulher muito inteligente interrompeu-me, achando

CRESCIMENTO

que estava refutando completamente tudo o que eu havia dito, ao exclamar: "Ah! Sra. Smith, mas eu acredito em *crescer* na graça". "Por quanto tempo *você* tem crescido?", perguntei. "Por cerca de 25 anos", essa foi a sua resposta. "E você se considera agora mais desapegada do mundo e mais dedicada ao Senhor do que quando sua vida cristã começou?", continuei. "Ah, receio que não esteja nem perto disso", foi a resposta dela. E, com essa resposta, seus olhos se abriram para ver que, de qualquer forma, seu modo de crescer não havia sido bem-sucedido, mas que ocorrera o exato oposto.

A dificuldade com essa senhora, e com todos os outros casos semelhantes, é simplesmente esta: eles estão tentando crescer *para* a graça, em vez de crescer *na* graça. Eles são como um arbusto de rosas plantado por um jardineiro no caminho duro e pedregoso, com a intenção de que ele cresça *para* o canteiro de flores, e que, claro, acaba diminuindo e secando, em vez de florescer e amadurecer. Os filhos de Israel vagando pelo deserto são a imagem perfeita desse tipo de crescimento. Eles viajaram por cerca de quarenta anos, deram muitos passos cansativos e encontraram pouco descanso em sua jornada; no entanto, no final de tudo, não estavam mais próximos da terra prometida do que estavam no início. Quando começaram sua jornada, em Cades-Barneia, estavam nas fronteiras da terra, e alguns passos seriam suficientes para levá-los até lá. Quando terminaram sua jornada nas planícies de Moabe, também estavam em suas fronteiras; apenas com a diferença de que agora havia um rio para atravessar, o que inicialmente não teria acontecido. Apesar de todas as suas peregrinações e conflitos no deserto, eles não conseguiram conquistar nem um centímetro sequer da terra prometida. Para tomar posse dessa terra, seria necessário primeiro estar nela; e, para crescer na graça, é necessário primeiro estar plantado na graça. Uma vez estabelecidos na terra, sua conquista foi rápida; e, após serem enraizados na graça, o crescimento espiritual se torna vigoroso e rápido, além de toda imaginação. Pois a graça é um solo muito fértil, e as plantas que crescem nele têm um crescimento maravilhoso. Elas são cuidadas por um Lavrador divino, aquecidas pelo Sol da Justiça e regadas pelo orvalho do céu. Certamente não causa admiração que elas deem fruto, "um cem, outro sessenta e outro trinta" (Mateus 13:23).

Mas podemos perguntar: o que significa crescer na graça? É difícil responder a essa pergunta, porque poucas pessoas têm uma concepção do que realmente é a graça de Deus. Dizer que é favor livre e imerecido apenas expressa uma pequena parte de seu significado. É o amor maravilhoso, ininterrupto e ilimitado de Deus, derramado sobre nós de uma variedade infinita de formas, sem restrição ou medida, não de acordo com nosso merecimento, mas de acordo com o coração de amor insondável de Deus, que ultrapassa o conhecimento, tão insondáveis são sua altura e profundidade. Às vezes penso que um significado totalmente diferente é atribuído à palavra "amor" quando se trata de Deus, em comparação ao entendimento que temos de seu significado na aplicação humana. Parece que consideramos que o amor divino é difícil, egoísta e distante, preocupado com sua própria glória e indiferente ao destino dos outros. Mas, se, algum dia, o amor humano foi terno, sacrificial e dedicado, se algum dia pôde suportar e perdoar, se algum dia pôde sofrer alegremente pelo ser amado, se algum dia esteve disposto a se derramar em um completo abandono para o conforto ou prazer dos objetos de seu afeto, então infinitamente mais é o terno amor divino, sacrificial e dedicado, pronto para suportar, perdoar e sofrer, e ansioso para derramar seus melhores dons e bênçãos sobre os objetos de seu amor. Junte todo o amor mais terno que você conhece, caro leitor, o mais profundo que já sentiu, e o mais forte que já foi derramado sobre você, e some a isso todo o amor de todos os corações humanos amorosos deste mundo. Em seguida, multiplique o resultado por infinito, e talvez você comece a ter alguns vislumbres do amor e da graça de Deus!

Para "crescer na graça", portanto, a alma deve ser plantada no próprio coração desse amor divino, envolvida por ele, impregnada dele. Deve entregar-se à alegria desse amor e recusar-se a conhecer qualquer outra coisa. Deve aprofundar sua compreensão desse amor diariamente, confiando tudo ao seu cuidado sem a menor sombra de dúvida de que ele certamente ordenará todas as coisas para o bem.

Crescer na graça é algo oposto a todo crescimento na autoconfiança ou esforço próprio, a todo e qualquer legalismo. É colocar nosso crescimento, assim como tudo o mais, nas mãos do Senhor e deixá-lo com Ele. É estar tão satisfeito com nosso Agricultor, e com sua habilidade e sabedoria, que nenhuma dúvida surgirá em nossa mente quanto ao seu modo de tratamento ou seu plano de cultivo. É crescer como os lírios crescem, ou como os bebês crescem, sem preocupação e sem ansiedade; crescer impulsionado pelo poder de um princípio de vida interior que, inevitavelmente, se desenvolve; crescer porque vivemos e, portanto, devemos crescer; crescer porque aquele que nos plantou nos concebeu como seres em constante evolução e com a finalidade de alcançar o crescimento.

Certamente, isso é o que nosso Senhor quis dizer com as seguintes palavras: "Observai os lírios, como crescem; não trabalham, nem fiam; e, no entanto, digo-vos: Salomão, em toda a sua glória, não se vestiu como um deles" (Lucas 12:27). Ou quando ele novamente questiona: "E qual de vós, por se preocupar, poderá acrescentar um côvado à sua estatura?" (Lucas 12:25). Não há esforço no crescimento de um bebê ou de um lírio. O lírio não trabalha nem fia, não se estica nem se esforça, não faz nenhum esforço de qualquer tipo para crescer, nem mesmo está consciente de que está crescendo; mas, por um princípio de vida interior, e por meio do cuidado providencial de Deus, e do cuidado do jardineiro, pelo calor do sol e pela queda da chuva, ele cresce, brota e floresce na bela planta que Deus pretendia que fosse.

O resultado desse tipo de crescimento na vida cristã é certo. Até mesmo Salomão, em toda a sua glória, diz nosso Senhor, não foi vestido como um dos lírios de Deus. A vestimenta de Salomão foi resultado de muito trabalho e esforço, e de ouro e prata em abundância; mas a vestimenta do lírio não custa nada disso. E, embora possamos trabalhar duro e nos esforçar para fazer belas vestimentas espirituais para nós mesmos, e possamos nos esforçar e nos esticar em nossos esforços após o crescimento espiritual, não conseguiremos nada; pois nenhum homem, por mais que pense, *pode* acrescentar um côvado à sua estatura, e nenhuma vestimenta nossa jamais poderá igualar-se ao belo traje com o qual o grande Agricultor veste as plantas que crescem gratuitamente em seu jardim e sob seu cuidado protetor.

Se eu conseguisse fazer com que cada um dos meus leitores compreendesse quão totalmente indefesos somos nesse assunto do crescimento, estou convencida de que boa parte da tensão seria removida em muitas vidas ao mesmo tempo.

Imagine uma criança obcecada pela ideia de que não cresceria a menos que fizesse algum esforço pessoal, e que insistisse em usar cordas e polias para se esticar até a altura desejada. Ela poderia, é verdade, passar seus dias e anos em um esforço cansativo, mas, afinal, não haveria mudança no decreto inexorável:

que nenhum homem "poderá acrescentar um côvado a sua estatura"; e seus esforços cansativos seriam apenas desperdiçados — isso se não atrapalhassem até mesmo o fim desejado.

Imagine uma flor de lírio tentando se vestir com cores bonitas e fios graciosos, e buscando ajuda, como muitos dos filhos de Deus tentam fazer, da sabedoria e da força de todos os lírios ao seu redor! Acredito que tal lírio, muito em breve, se tornaria um "caso" crônico de perplexidades e dificuldades espirituais, semelhantes a algumas que são familiares a todo trabalhador cristão.

Nem a criança nem o lírio são encontrados fazendo algo tão vão e tolo quanto *tentar* crescer. Mas receio que muitos dos filhos de Deus estejam fazendo exatamente isso. Eles sabem que deveriam crescer e sentem em seu interior um instinto que anseia por crescimento; no entanto, em vez de deixar que o divino Agricultor cuide de seu crescimento, como certamente é sua ocupação fazer, eles pensam em realizá-lo por meio de seu próprio trabalho árduo e esforço, e esticando e se esforçando; e, em consequência, passam a vida em uma sequência de esforços próprios cansativos que esgotam suas energias, enquanto, ao mesmo tempo, veem-se, para seu infinito pesar, regredindo em vez de avançar.

> "Vós, florezinhas do campo", disse Siddartha,
> "que voltam o tenro rostinho para o sol,
> que segredo conheceis para crescerdes contentes?"

O que todos nós precisamos é "olhar as flores do campo" e aprender seu segredo. Cresçam, por todos os meios, queridos cristãos, de todas as formas possíveis, mas, por favor, desenvolvam-se à maneira de Deus, pois essa é a única forma eficaz. Certifique-se de estar plantado na graça e, então, permita que o divino Jardineiro o cultive do seu próprio jeito e pelos seus próprios meios. Exponha-se ao sol da sua presença e deixe o orvalho do céu descer sobre você, e veja qual será o resultado. Folhas, flores e frutos certamente virão em sua estação; pois seu Jardineiro é habilidoso e nunca falha em sua colheita. Apenas assegure-se de não criar nenhum obstáculo ao brilho do sol da justiça ou à queda do orvalho do céu. A cobertura mais fina pode servir para evitar a luz do sol e o orvalho, fazendo com que a planta murche, mesmo quando esses elementos são abundantes. Também a menor barreira entre sua alma e Cristo pode fazer com que você diminua e desvaneça, como uma planta num porão ou sob um alqueire. Mantenha o céu limpo. Abra bem todas as vias do seu ser para receber as influências abençoadas que seu divino Jardineiro pode exercer sobre você. Banhe-se no sol do seu amor. Beba das águas de sua bondade. Mantenha seu rosto voltado para ele, como as flores fazem para o sol. Olhe, e sua alma viverá e crescerá.

No entanto, alguém poderia questionar que não somos simples flores inanimadas, mas, sim, seres humanos inteligentes, dotados de poderes e responsabilidades pessoais. Isso é verdade; e isso traz uma diferença crucial, pois demonstra que aquilo que a flor é por natureza, nós devemos ser por meio de uma entrega consciente e livre. Ser um dos lírios de Deus requer um tipo de abandono interior extremamente raro. Significa que devemos ser infinitamente passivos e, ao mesmo tempo, infinitamente ativos. Passivos em relação ao eu e ao seu funcionamento; ativos em relação à atenção e à resposta a Deus. É muito difícil explicar isso de modo que seja compreendido. Mas significa que devemos renunciar a toda a atividade da criatura, como tal, e permitir que apenas as atividades de Deus trabalhem em nós e por meio de nós. O "eu" deve se afastar para deixar Deus agir.

CRESCIMENTO

Portanto, você não precisa fazer esforços para crescer; em vez disso, concentre todos os seus esforços em permanecer na Videira. O divino Jardineiro, que cuida da Videira, cuidará também de você, que é um de seus ramos, e podará, purificará, regará e cuidará de você, de modo que você crescerá, dará frutos, e seus frutos permanecerão, e, como o lírio, você se verá vestido com roupas tão gloriosas que, comparativamente, as de Salomão serão insignificantes.

E, se você sentir que está plantado neste momento em um solo deserto, onde nada pode crescer, coloque-se inteiramente nas mãos do bom Jardineiro, e ele imediatamente começará a fazer com que esse deserto floresça como a rosa, e fará com que nascentes e fontes de água brotem de seus terrenos arenosos. Pois a promessa é certa: o homem que confia no Senhor "será como a árvore plantada junto às águas, e *que* estende as suas raízes para o ribeiro, e não receia quando vem o calor, mas a sua folha fica verde; e não terá cuidado no ano da seca, nem deixará de dar fruto" (Jeremias 17:8).

É uma grande vantagem do nosso divino Agricultor que ele possa transformar qualquer solo, independentemente de suas características, no solo da graça assim que entregamos nosso crescimento em suas mãos. Ele não necessita nos transferir para um terreno diferente, pois, onde quer que estejamos, com as circunstâncias que nos cercam, Ele faz seu sol brilhar e seu orvalho cair sobre nós. Ele transforma até mesmo aquelas coisas que antes eram nossas maiores barreiras nos principais e mais abençoados meios de crescimento. Não me importo com as circunstâncias. Seu poder maravilhoso pode realizar isso; e nós devemos confiar nele em relação a tudo isso. Certamente Ele é um Agricultor em quem podemos confiar; e, se Ele envia tempestades, ventos, chuvas ou sol, tudo deve ser aceito em suas mãos, com a mais inabalável confiança de que Ele, que se comprometeu a nos cultivar e nos levar à maturidade, conhece o melhor caminho para alcançar seu objetivo, e regula os elementos, que estão todos à sua disposição, com o expresso propósito do nosso crescimento mais rápido.

Permita-me pedir a você, então, que abandone todos os seus esforços para crescer; simplesmente permita-se crescer. Deixe tudo nas mãos do Agricultor que cuida dessas coisas e que é o único capaz de geri-las. Em seu caso, nenhuma dificuldade pode confundi-lo. Se você se entregar totalmente em suas mãos e permitir que Ele siga o próprio caminho com você, nenhum impedimento ao seu crescimento nos anos anteriores, nenhuma aparente falta de vigor em suas fontes internas de vida, nenhuma distorção ou deformidade em seu desenvolvimento, nada pode, de forma alguma, atrapalhar o trabalho perfeito que Ele realizará. Sua promessa graciosa aos seus filhos apóstatas lhe assegura isso. "Sararei sua apostasia; voluntariamente os amarei, pois minha indignação se desviou deles. Serei como o orvalho para Israel; ele crescerá como o lírio e lançará raízes como o Líbano. Seus ramos se estenderão, e sua beleza será como a da oliveira, e o seu perfume como o do Líbano" (Oseias 14:4-6). E novamente ele diz: "Não temais, bestas-feras do campo, porque brotam as pastagens do deserto, porque a árvore dá seu fruto, a figueira e a videira manifestam sua pujança [...]. E as eiras se encherão de trigo, e os barris transbordarão de vinho e azeite [...]. E restituir-vos-ei os anos que a locusta devorou [...]. E comereis fartamente, e vos satisfareis, e louvareis o nome do Senhor vosso Deus, que procedeu maravilhosamente para convosco; e meu povo nunca mais será envergonhado" (Joel 2:22;24-26).

Se ao menos vocês pudessem compreender o que o seu Senhor quis dizer quando falou: "Observai os lírios, *como crescem*; não trabalham, nem fiam" (Lucas 12:27). Certamente essas palavras nos dão a imagem de uma vida e de um crescimento muito diferentes da vida e do crescimento comuns dos cristãos — uma vida de descanso e um crescimento sem esforço; e, ainda assim, uma vida e um crescimento coroados com resultados gloriosos. E, para qualquer alma que se torne como um lírio no jardim do Senhor, crescendo da mesma forma que os lírios crescem, a mesma promessa gloriosa será tão seguramente concedida quanto foi para eles. Eles experimentarão o cumprimento daquela passagem mística maravilhosa sobre seu Amado, que "ele apascenta entre os lírios" (Cantares 6:3).

> Sinto-me tão frágil quanto uma violeta,
> sozinha diante do céu imenso:
> sopram os ventos, cai o orvalho sobre a terra,
> caem as chuvas, nascem e se põem sóis,
> gira a terra; e tudo para fazer vicejar
> uma pobre e pequena violeta!

Podemos ter a certeza de que todos os recursos da infinita graça de Deus serão aplicados ao crescimento da menor flor em seu jardim espiritual, tão certamente quanto são empregados em sua criação terrena; e, assim como a violeta permanece pacificamente em seu lugarzinho, contente em receber sua porção diária sem se preocupar com o vagar dos ventos ou a queda da chuva, também nós devemos descansar no presente, conforme nos é dado por Deus, contentes com o que recebemos a cada dia e sem preocupações com o que possa estar acontecendo ao nosso redor no glorioso universo de Deus, certos de que todas as coisas serão feitas para "florescer" a nosso favor.

Esse é o tipo de "crescimento na graça" em que nós, que entramos na vida de total confiança, acreditamos; um

O SEGREDO DA VERDADEIRA FELICIDADE

crescimento sem preocupação ou ansiedade de nossa parte, mas um crescimento que realmente se desenvolve, que floresce e dá frutos, e se torna como uma "árvore plantada junto aos ribeiros de águas, a qual dá seu fruto na estação *devida*; suas folhas também não murcharão; e tudo quanto fizer prosperará" (Salmos 1:3). E nos alegramos ao saber que muitas dessas plantas estão florescendo agora na herança do Senhor, pois, assim como os lírios contemplam o rosto do sol e crescem por isso, elas estão, ao contemplar "como por espelho a glória do Senhor" (2Coríntios 3:18), sendo transformadas na mesma imagem, de glória em glória, como pelo Espírito do Senhor.

Se você perguntasse a essas pessoas como elas crescem tão rapidamente e com tanto sucesso, a resposta delas seria que não estão preocupadas com seu crescimento e mal percebem que estão crescendo. O Senhor lhes disse para permanecerem nele e prometeu que, se assim o fizessem, certamente produziriam muito fruto; e que, portanto, estão preocupadas apenas com a permanência, que é a sua parte, e contentes em deixar o cultivo, o crescimento, o treinamento e a poda nas mãos de seu bom Agricultor, que é o único capaz de gerenciar essas coisas ou fazê-las acontecer. Você descobrirá que essas almas não estão ocupadas em olhar para si mesmas, mas em "olhar para Jesus". Elas não "trabalham e tecem" para suas vestes espirituais, mas se entregam nas mãos do Senhor, para que sejam vestidas como Ele desejar. O esforço próprio e a autodependência acabaram para elas. Anteriormente, tentavam ser não apenas o jardim, mas também o jardineiro, e assumiam as responsabilidades de ambos. Agora, contentam-se em ser o que são — apenas o jardim, e não o jardineiro; e estão dispostas a deixar as responsabilidades do jardineiro para o divino Agricultor, que é o único responsável por sua correta execução. Elas não

CRESCIMENTO

se preocupam mais consigo, pois transferiram seu foco para as mãos de outro; e o eu, consequentemente, tornou-se cada vez menos importante para elas, enquanto Cristo somente é reconhecido como tudo em todos. Como um abençoado resultado, nem mesmo Salomão, em toda a sua glória, foi vestido como essas pessoas serão.

Vamos olhar para o assunto de forma prática. Todos nós sabemos que crescer não é algo que exija esforço; é o resultado de um princípio de vida interior de crescimento. Nenhum esticar e puxar faria um carvalho morto crescer; mas um carvalho vivo cresce sem esticar. Portanto, é evidente que o essencial é adquirir dentro de si a vida que cresce e, então, você não pode deixar de crescer. E essa vida é a "vida com Cristo, escondida em Deus", a maravilhosa vida divina do Espírito Santo que ali habita. Seja cheio disso, querido crente, e mesmo que você não esteja consciente dessa realidade, você deve crescer, você não pode deixar de crescer. Não se preocupe com seu crescimento, mas veja se você tem a vida que cresce. Permaneça na Videira. Deixe a vida dele fluir por todas as suas veias espirituais. Não coloque barreiras para o poder dessa vida que "opera em vós tanto o querer quanto o realizar segundo *seu* beneplácito" (Filipenses 2:13). Entregue-se por completo ao seu adorável controle. Coloque totalmente seu crescimento nas mãos dele, da mesma forma que você colocou todos os seus outros assuntos. Deixe-o administrá-lo como Ele quiser. Não se preocupe com isso, nem mesmo pense a respeito. Não faça como as crianças fazem, mexendo em suas plantas para ver se estão crescendo. Confie absolutamente no divino Agricultor, sempre. Aceite cada momento de provisão como sendo o sol ou o orvalho necessários para o crescimento daquele momento, como algo que vem das mãos amorosas de Deus. Diga um

"Sim" contínuo à vontade de seu Pai. E, por fim, em tudo isso, assim como em todas as outras preocupações de sua vida, "Não vos preocupeis por nada, mas, em tudo, com oração e súplica, com ação de graças, sejam vossas petições conhecidas diante de Deus. E a paz de Deus, que ultrapassa todo o entendimento, guardará vossos corações e mentes por meio de Cristo Jesus" (Filipenses 4:6-7).

Se o seu "crescimento na graça" for desse tipo, querido leitor, você certamente experimentará, mais cedo ou mais tarde, um crescimento maravilhoso, e entenderá, como talvez não possa agora, o que o salmista quis dizer com as seguintes palavras: "O justo florescerá como a palmeira, crescerá como o cedro no Líbano. Os que estão plantados na casa do Senhor florescerão nos átrios do nosso Deus. Ainda darão fruto na velhice; serão viçosos e florescentes" (Salmos 92:12-14).

Serviço

Possivelmente não há um aspecto da experiência cristã que experimente mudança mais significativa ao entrar nesta vida com Cristo, escondida em Deus, do que a questão do serviço.

Em todas as formas comuns de vida cristã, o serviço muitas vezes adquire uma forma de servidão; é realizado principalmente como uma questão de dever e, com frequência, é encarado como uma provação ou uma cruz. Certas coisas, que no início podem ter se constituído em alegria e prazer, tornam-se depois tarefas cansativas, talvez realizadas fielmente, mas com uma grande dose de relutância oculta e muitos desejos confessados ou não de que tais tarefas não precisam ser realizadas, ou pelo menos não com tanta frequência. A alma se vê dizendo, em vez do "Eu posso?", do amor, o "Eu devo?", do dever. O jugo, que no início era fácil, começa a incomodar, e a carga parece pesada em vez de leve.

Certa ocasião, uma querida cristã expressou isso a mim da seguinte maneira: "Quando no início fui convertida", disse ela, "estava tão cheia de alegria e amor que ficava muito feliz e grata apenas por poder fazer qualquer coisa para o meu Senhor, e entrava ansiosamente por cada porta aberta. Mas, depois de um tempo, conforme minha alegria inicial foi desaparecendo e meu amor não ardia com o fervor de antes, comecei a desejar não ter sido tão ávida, pois me vi envolvida em atividades de serviço que gradualmente foram se tornando muito desagradáveis e pesadas para mim. Mas, como eu já havia começado, não podia simplesmente desistir delas sem causar grande alvoroço, e ainda assim desejava cada vez mais abandoná-las. Esperavam que eu visitasse os doentes e orasse ao lado de suas camas. Esperavam que eu frequentasse os encontros de oração e falasse neles. Em resumo, esperavam que eu estivesse sempre pronta para todo esforço no trabalho cristão, e o peso dessas expectativas me oprimia continuamente. Por fim, tornou-se tão indescritivelmente pesado viver o tipo de vida cristã que eu havia iniciado e que todos ao meu redor esperavam que eu vivesse, que senti como se qualquer tipo de trabalho manual fosse mais fácil; e eu teria preferido esfregar o dia todo de joelhos a ser obrigada a passar pelo tédio do meu trabalho cristão diário. Eu invejava", disse ela, "as empregadas da cozinha e as mulheres nos tanques de lavar roupa".

Isso pode parecer uma afirmação forte para alguns, mas não apresenta uma imagem vívida de algumas de suas próprias experiências, querido cristão? Você nunca foi ao seu trabalho como um escravo de sua tarefa diária, acreditando ser seu dever e, portanto, sentindo-se obrigado a fazê-lo, mas voltou rapidamente aos seus verdadeiros interesses e prazeres no momento em que seu trabalho terminou?

Você, é claro, sabia que esse era o sentimento errado e se sentiu profundamente envergonhado por isso, mas, mesmo assim não viu como mudá-lo. Você não *amava* seu serviço; e, se pudesse desistir dele com a consciência tranquila, ficaria feliz em fazê-lo.

SERVIÇO

Ou, se esse não é seu caso, talvez outra situação seja. Você ama seu serviço em termos abstratos, mas, ao realizá-lo, encontra tantas preocupações e responsabilidades associadas a ele, e sente tantas apreensões e dúvidas quanto à sua própria capacidade ou aptidão, que ele se torna um fardo muito pesado, e você vai a ele curvado e cansado, antes mesmo de o trabalho ter começado. Além disso, você está constantemente se angustiando com os resultados do seu serviço e fica muito perturbado se eles não são exatamente como você gostaria; e isso, por si só, é um fardo constante.

Agora, de todas essas formas de servidão, a alma que se entrega plenamente à vida abençoada da fé é totalmente libertada. Em primeiro lugar, o serviço de qualquer tipo se torna encantador para ela, porque, após entregar sua vontade ao cuidado do Senhor, ele opera nela tanto o querer como o realizar, de acordo com seu bom prazer, e a alma se vê realmente *querendo* fazer as coisas que Deus deseja que ela faça. É sempre muito agradável fazer as coisas que queremos fazer, ainda que sejam muito difíceis de realizar ou envolvam muito cansaço físico. Se a vontade de um homem está realmente fixada em algo, ele olha com indiferença sublime para os obstáculos que estão no caminho para alcançá-lo e ri para si mesmo diante da ideia de qualquer oposição ou dificuldade que o impeça. Quantos homens encontraram felicidade e gratidão ao viajarem para longe em busca de riquezas terrenas ou para realizar ambições mundanas, ignorando completamente a ideia de uma "cruz" associada a isso! Quantas mães se sentiram orgulhosas e contentes ao verem seus filhos promovidos a cargos de poder e utilidade no serviço de seu país, ainda que isso significasse anos de separação e dificuldades para seus entes queridos! No entanto, essas mesmas pessoas teriam sentido e dito que seria uma cruz insuportável se o serviço a Cristo exigisse sacrifícios semelhantes de lar, amigos e conforto mundano.

É a forma de olharmos para as coisas que determina se as consideramos cruzes ou não. É lamentável considerar que um cristão possa chorar ou fazer um semblante sombrio ao realizar algo por Cristo, enquanto um indivíduo mundano fica feliz em fazê-lo por dinheiro.

O que precisamos na vida cristã é fazer com que os crentes *queiram* fazer a vontade de Deus tanto quanto outras pessoas desejam fazer a própria vontade. E esse é o propósito do evangelho. É o que Deus pretendia para nós; e é o que ele prometeu. Ao descrever a nova aliança em Hebreus 8:6-13, ele diz que não será mais a antiga aliança feita no Sinai — ou seja, uma lei dada de fora, controlando um homem pela força —, mas, sim, uma lei escrita *dentro* dele, motivando um homem pelo amor. "Porei a minha lei", diz ele, "no seu interior, e a escreverei no seu coração" (Jeremias 31:33). Isso não pode significar nada além de que *amaremos* a sua lei; pois qualquer coisa escrita em nosso coração deve ser amada. "Porei a minha lei no seu interior" é certamente o mesmo que Deus trabalhando em nós tanto "o querer quanto o realizar segundo seu beneplácito", e significa que desejaremos o que Deus deseja e obedeceremos aos seus doces mandamentos, não porque é nosso dever fazê-lo, mas porque nós mesmos queremos fazer o que ele quer que façamos.

Nada poderia ser entendido como mais eficaz do que isso. Quantas vezes pensamos, ao lidar com nossos filhos: "Ah, quem dera eu entrasse na mente deles e fizesse com que eles realizassem exatamente aquilo que eu quero, como seria fácil gerenciá-los então!". É comum percebermos, na prática, ao lidar com pessoas obstinadas, que evitamos cuidadosamente expressar nossos desejos diretamente a elas. Em vez disso, buscamos

SERVIÇO

meios de incentivá-las a sugerir as próprias soluções, confiantes de que, dessa forma, não encontraremos resistência. Nós, que, por natureza, somos obstinados, geralmente nos rebelamos contra uma lei que nos é imposta externamente, mas acolhemos com alegria aquela que emerge internamente.

Assim, a forma que Deus opera é tomar posse do íntimo do homem, assumir o controle e gerenciar sua vontade, agindo em seu favor. Então, a obediência se torna fácil e constitui um deleite, e o serviço se transforma em perfeita liberdade, até o cristão ser compelido a exclamar: "Este serviço feliz! Quem poderia imaginar que a terra tinha tamanha liberdade?".

Então, querido cristão, o que você precisa fazer se estiver se sentindo como escravo na questão do serviço é entregar completamente sua vontade nas mãos do Senhor, rendendo a Ele o controle total. Diga "Sim, Senhor, sim!" a tudo, e confie nele para trabalhar em você para alinhar completamente seus desejos e afetos com a sua amável, doce e encantadora vontade. Já vi isso acontecer muitas vezes, em casos em que parecia, de início, uma coisa totalmente impossível. Em uma ocasião, uma mulher lutava contra um pequeno ato de serviço por anos a fio, embora soubesse que era o certo, odiava fazê-lo. Então, eu a vi, dos abismos do desespero e sem sentir nada, entregar sua vontade nesse quesito nas mãos do Senhor e começar a dizer a Ele: "Que seja feita a tua vontade! *Que seja feita a tua vontade!*". E, de pronto, isso começou a parecer doce e precioso para ela.

É maravilhoso ver os milagres que Deus realiza em vontades que estão completamente entregues a Ele. Ele transforma coisas difíceis em fáceis e amargas em doces. Não é que Ele substitua as coisas difíceis por coisas fáceis, mas Ele realmente transforma o que era difícil em algo fácil e nos faz amar fazer aquilo que antes odiávamos. Enquanto nos rebelamos contra o jugo e tentamos evitá-lo, nós o achamos difícil e sufocante. Mas, quando "aceitamos o jugo" com uma vontade consentida, descobrimos que é fácil e confortável. Diz-se de Efraim que, em um momento, ele era como um "novilho ainda não acostumado *ao jugo*" (Jeremias 31:18), mas que, depois, quando se submeteu ao jugo, ele era "*como* uma bezerra adestrada que gosta de debulhar o *grão*" (Oseias 10:11).

Muitos cristãos, como mencionei, têm um amor abstrato pela vontade de Deus, mas enfrentam grandes desafios relacionados a ela. Da mesma forma, há libertação na maravilhosa vida da fé. Pois nessa vida nenhum fardo é carregado, nenhuma ansiedade é sentida. O Senhor é aquele que carrega nossos fardos, e sobre Ele devemos descarregar toda preocupação. Na verdade, Ele diz "Não vos preocupeis por nada, mas, em tudo, com oração e súplica, com ação de graças, sejam vossas petições conhecidas diante de Deus" (Filipenses 4:6). Não vos preocupeis por *nada*, diz ele, nem mesmo com seu serviço. Principalmente, eu diria, com o nosso serviço, pois reconhecemos nossa completa impotência em relação a ele, sabendo que, mesmo que nos preocupássemos, não teria efeito algum. O que podemos fazer pensando se somos adequados ou não? O Mestre artesão certamente tem o direito de usar qualquer ferramenta que deseje para sua própria obra, e claramente não é responsabilidade da ferramenta decidir se é a certa a ser usada ou não. Ele sabe; e, se ele escolhe nos usar, é claro que devemos ser adequados. Na realidade, se tivéssemos essa percepção, veríamos que nossa maior capacidade reside em nossa completa impotência. Sua força é perfeita, não em nossa força, mas em nossa fraqueza. Nossa força é apenas um obstáculo.

Certa vez, visitei um hospital para pessoas com deficiência intelectual e vi as crianças fazendo exercícios com halteres.

SERVIÇO

Como é sabido, é muito difícil para pessoas com esse tipo de deficiência controlar seus movimentos. Em geral, elas têm força suficiente, mas não têm habilidade para usar essa força e, portanto, não podem fazer muita coisa. E, nos exercícios com halteres, essa deficiência era muito aparente. As crianças faziam todo tipo de movimentos desajeitados. De vez em quando, por acaso, faziam um movimento em harmonia com a música e as instruções do professor, mas, na maior parte do tempo, tudo estava fora de sintonia. No entanto, notei uma menininha que fazia movimentos perfeitos. Nenhum balanço impreciso ou interrupção perturbava a harmonia de seus exercícios. E a razão não era que ela tivesse mais força do que as demais, mas, sim, o fato de ela não ter força alguma. Ela não conseguia nem fechar as mãos sobre os halteres, nem levantar os braços, e o professor tinha de ficar atrás dela e fazer tudo. Ela entregava seus membros como instrumentos a ele, e a "minha [dele] força se aperfeiçoa" (2Coríntios 12:9) em sua fraqueza. Ele sabia como fazer aqueles exercícios, pois ele mesmo os havia planejado; e, portanto, quando ele os fazia, eram feitos corretamente. Ela não fazia nada além de se entregar completamente em suas mãos, e ele fazia tudo. A entrega era a parte dela; a responsabilidade era toda dele. Sua habilidade não era necessária para fazer movimentos harmoniosos; apenas a dele. A questão não era sobre sua capacidade, mas sobre a capacidade dele. Sua total fraqueza era sua maior força.

Para mim, essa é uma imagem muito marcante de nossa vida cristã, e não surpreende, portanto, que Paulo tenha dito: "De boa vontade, portanto, eu me gloriarei em minhas fraquezas, para que o poder de Cristo repouse sobre mim" (2Coríntios 12:9). Quem não se glorificaria em ser tão completamente fraco e impotente para que o Senhor Jesus Cristo não encontre obstáculo algum para o perfeito funcionamento de seu poderoso poder através de nós e em nós?

Além disso, se o trabalho é dele, a responsabilidade também é dele, e não nos resta espaço para nos preocuparmos com os resultados. Tudo em relação a isso é conhecido por Ele, e Ele pode gerenciar tudo. Por que, então, não deixar tudo com Ele e consentir em ser "tratado como uma criança e guiado para onde ir?". É um fato que os trabalhadores mais eficazes que conheço são aqueles que não sentem a menor preocupação ou ansiedade em relação ao seu trabalho, mas que entregam tudo ao seu querido Mestre. Assim, pedindo-lhe para guiá-los a cada passo, confiam inteiramente nele para os suprimentos necessários de sabedoria e força a cada momento. Quando os observamos, quase parece que estão livres de preocupações, mesmo diante de interesses tão significativos em jogo. No entanto, ao compreender o segredo da confiança em Deus e testemunhar a beleza e o poder da vida que se rende ao seu trabalho, paramos de julgar e começamos a nos questionar como alguém que trabalha para Deus pode ousar carregar fardos ou assumir responsabilidades que somente ele é capaz de suportar.

Alguns podem questionar que o apóstolo Paulo falou sobre a "preocupação com as igrejas" caindo sobre ele. No entanto, é importante lembrar que era o hábito constante de Paulo transferir toda essa preocupação para o Senhor e, portanto, mesmo estando cheio de cuidados, ele conseguia permanecer "sem ansiedade".

Existem uma ou duas outras amarras no serviço das quais essa vida de confiança nos liberta. Descobrimos que nenhum indivíduo é responsável por todo o trabalho no mundo, mas apenas por uma pequena parcela. Nosso dever deixa de ser universal e se torna pessoal e individual. O Mestre não nos diz:

"Vá e faça tudo"; Ele traça um caminho especial para cada um de nós e atribui a cada um de nós uma tarefa especial. Há "diversidades de dons" no reino de Deus, e esses dons são distribuídos "a cada homem segundo suas diferentes habilidades" (Mateus 25:15). Posso ter cinco talentos, ou dois, ou apenas um; posso ser chamado para fazer vinte coisas, ou apenas uma. Minha responsabilidade é simplesmente fazer aquilo para o qual sou chamado, e nada mais. "Os passos do homem *bom* são ordenados pelo Senhor" (Salmos 37:23); não apenas o seu caminho, mas cada passo isolado nesse caminho.

Muitos cristãos também erram ao considerar cada ato de serviço uma obrigação contínua. Eles acreditam que, porque foi certo para eles darem um panfleto a uma pessoa em um trem, por exemplo, então devem sempre dar panfletos a todos, o que os sobrecarrega com uma obrigação impossível.

Certa vez, uma jovem cristã, após ter sido incumbida de transmitir uma mensagem a uma alma que encontrara durante um passeio, passou a supor que essa seria uma obrigação contínua, acreditando que deveria falar com todas as pessoas que encontrasse em seus passeios, sobre as almas delas. Isso, claro, era impossível e, por consequência, ela logo se viu em um estado de escravidão sem esperança. Ela ficou com medo de sair de sua própria porta e viveu em condenação contínua. Finalmente, ela compartilhou sua angústia com um amigo, que estava instruído nos caminhos de Deus com seus servos; e esse amigo lhe disse que ela estava cometendo um grande erro; que o Senhor tinha uma tarefa específica para cada um de seus servos e que, assim como os servos em uma casa bem organizada não deveriam tentar fazer o trabalho uns dos outros, também os servos do Senhor não deveriam sentir-se todos obrigados a realizar todas as tarefas. Ele disse a ela para se colocar sob a orientação pessoal do Senhor em relação ao seu serviço e confiar nele para apontar a ela cada pessoa em particular a quem Ele queria que ela falasse, assegurando-lhe que Ele nunca envia suas próprias ovelhas sem ir adiante delas e preparar o caminho para elas. Ela adotou esse conselho, transferindo o peso de seu trabalho para o Senhor, e, por isso, experimentou um caminho de orientação diária cheio de alegria. Ela foi conduzida a executar um serviço abençoado para seu Mestre, conseguindo realizar tudo sem preocupação ou fardo, pois Ele a guiava e preparava o caminho à sua frente.

Tenho aprendido muito ao refletir sobre a organização de nossos próprios lares. Quando designamos um empregado para realizar uma parte específica do trabalho doméstico, queremos que ele se dedique apenas a isso e não saia correndo por toda a casa tentando fazer o trabalho de todos os outros empregados. Se os empregados agissem dessa maneira, haveria uma confusão interminável em qualquer casa terrena, e isso não causa menos confusão na casa divina.

A nossa parte nisso, no que diz respeito ao serviço, me parece semelhante à conexão entre a maquinaria e o motor a vapor. O poder não está na maquinaria, mas no vapor. Desconectada da máquina, a maquinaria é absolutamente inútil. Mas, quando a conexão é feita, a maquinaria funciona facilmente e sem esforço, graças ao grande poder por trás dela. Assim é a vida cristã: quando é o desenvolvimento da vida divina que trabalha dentro de nós, a vida se torna mais fácil e natural. A maioria dos cristãos vive sob tensão, porque sua vontade não está totalmente em harmonia com a vontade de Deus, a conexão não é perfeitamente feita em todos os pontos, e isso requer um esforço maior para mover a maquinaria. Mas, quando a conexão é totalmente feita, e a "lei do Espírito de vida, em Cristo Jesus" (Romanos 8:2) pode

SERVIÇO

trabalhar em nós com todo o seu grandioso poder, então somos realmente libertos "da lei do pecado e da morte" (Romanos 8:2), e conheceremos a gloriosa liberdade dos filhos de Deus.

Outra forma de escravidão em relação ao serviço, da qual a vida de fé liberta a alma, está relacionada às reflexões posteriores que sempre acompanham qualquer obra cristã. Essas reflexões posteriores são de dois tipos: ou a alma se orgulha por seu sucesso e fica altiva; ou se angustia por sua falha e é completamente abatida. Uma dessas duas coisas certamente ocorrerá; e, das duas, penso que a primeira é a mais temida, embora a última cause, no momento, maior sofrimento. Mas, na vida de confiança, nada disso nos perturbará, pois, aos nos comprometer em nosso trabalho com o Senhor, ficaremos satisfeitos em deixá-lo com ele e não pensaremos em nós mesmos a esse respeito.

Há muitos anos, deparei com esta frase em um livro antigo: "Nunca se entregue, ao final de uma ação, a nenhum ato de reflexão pessoal de qualquer tipo, seja de autocongratulação ou de autodesespero. Esqueça as coisas que ficaram para trás, no momento em que passaram, deixando-as por conta de Deus". Isso tem sido de um valor inestimável para mim. Quando a tentação vem — como, em geral, acontece com todo trabalhador após a realização de qualquer serviço, de se entregar a essas reflexões —, seja de um tipo ou de outro, eu as rejeito imediatamente e me recuso a pensar sobre meu trabalho, deixando-o com o Senhor, para que Ele sobrepuje os erros e o abençoe como Ele escolher. Acredito que haveria muito menos "o dia mais triste do ano" para os ministros do Evangelho do que há agora, se adotassem esse plano; e tenho certeza de que todos os trabalhadores considerariam seu serviço muito menos desgastante.

Para resumir, o que é necessário para um serviço feliz e eficaz é simplesmente colocar seu trabalho nas mãos do Senhor e deixá-lo lá. Não o leve a Ele em oração, dizendo: "Senhor, guia-me; Senhor, dê-me sabedoria; Senhor, organize para mim", e então levante-se, pegue o fardo de volta e tente guiar e organizar por si mesmo. Deixe-o com o Senhor; e lembre-se de que você não deve se preocupar, nem ficar ansioso, com aquilo que confia a Ele. Confiar e se preocupar não podem andar juntos. Se o seu trabalho é um fardo, é porque você não o está confiando ao Senhor. Mas, se confiá-lo a Ele, certamente descobrirá que o jugo que Ele coloca sobre você é fácil e o fardo que lhe dá para carregar é leve; e, mesmo no meio de uma vida de atividade incessante, "achareis descanso para vossas almas" (Mateus 11:29).

Se o divino Mestre tivesse apenas um grupo de trabalhadores desse tipo, não haveria limite para o que Ele poderia fazer com eles. Verdadeiramente, um único deles "perseguiria mil, e dois fariam dez mil fugir" (Deuteronômio 32:30), e nada seria impossível para eles. Pois não é nada para o Senhor ajudar, "seja com muitos, ou com aqueles que não têm poder" (2Crônicas 14:11), contanto que ele possa encontrar instrumentos que estejam totalmente entregues ao seu trabalho.

Que Deus levante rapidamente um exército assim! E que você, meu querido leitor, inscreva-se nesse batalhão e, entregando-se a Deus como alguém "vivo dentre os mortos", permita que cada um de seus membros seja também entregue a Ele como "instrumentos de retidão", para serem usados por Ele conforme sua vontade.

CAPÍTULO
16

Resultados práticos na vida diária

Se tudo o que foi escrito nos capítulos anteriores sobre a vida com Cristo, escondida em Deus, for verdadeiro, seus resultados na prática diária e nas conversas do dia a dia deveriam ser muito evidentes, e as pessoas que entraram nesse gozo deveriam ser, na verdade, um povo separado e zeloso de boas obras.

Meu filho, agora junto a Deus, escreveu a um amigo algo semelhante a isso: que somos testemunhas de Deus por necessidade, já que o mundo não lerá a Bíblia, mas observará nossa vida; e que nossa crença na natureza divina da religião dependerá, em boa parte, do testemunho que nossa vida oferece. Esse tempo é fundamentalmente um tempo de fatos, e todas as investigações científicas estão se voltando cada vez mais da teoria para a realidade. Portanto, se nossa religião pretende avançar nos dias atuais, deve ser comprovada como algo mais do que uma teoria; e nós devemos apresentar à mente crítica de nossa época a realidade de vidas transformadas pelo grandioso poder de Deus, que opera em nós "segundo o beneplácito de sua vontade" (Filipenses 2:13).

O SEGREDO DA VERDADEIRA FELICIDADE

Desejo, portanto, falar muito solenemente sobre o que considero serem os frutos necessários de uma vida de fé, como tenho dito, e enfatizar no coração de cada um dos meus leitores sua responsabilidade pessoal de andar "de modo digno da vocação com que fostes chamados" (Efésios 4:1).

Creio que posso falar com alguns de vocês, pelo menos, como amigos próximos, pois estou certa de que não chegamos até aqui juntos ao longo destas páginas sem que tenham crescido em seus corações, assim como no meu, um terno interesse pessoal e um anseio uns pelos outros, para que possamos mostrar em tudo as virtudes daquele que nos "chamou das trevas para sua maravilhosa luz" (1Pedro 2:9). Como amiga, então, aos amigos é que falo, e tenho certeza de que serei perdoada se entrar em alguns detalhes de nossa vida diária que podem parecer de importância secundária, mas que compõem a maior parte dela.

O padrão de uma vida santificada na prática tem sido tão baixo entre os cristãos que o menor grau de verdadeira devoção na vida e no caminhar é visto com surpresa e muitas vezes até mesmo com desaprovação por grande parte da igreja. E, na maioria das vezes, os seguidores do Senhor Jesus Cristo estão satisfeitos com uma vida tão conformada e tão semelhante ao mundo em quase todos os aspectos que, para um observador casual, não é possível fazer distinção alguma.

Mas nós, que ouvimos o chamado de nosso Deus para uma vida de inteira consagração e confiança perfeita, devemos agir de forma diferente. Devemos sair do mundo e ser separados, não nos conformando a ele em nosso caráter ou em nossa vida. Devemos fixar nossos afetos nas coisas celestiais, não nas terrenas, e devemos buscar primeiro o reino de Deus e sua justiça, renunciando a tudo o que interferir. Devemos andar pelo mundo como Cristo andou. Devemos ter a mente que ele tinha.

RESULTADOS PRÁTICOS NA VIDA DIÁRIA

Como peregrinos e estrangeiros, devemos nos abster das concupiscências carnais que guerreiam contra a alma. Como bons soldados de Jesus Cristo, devemos nos desvencilhar interiormente dos assuntos desta vida, para que possamos agradar àquele que nos escolheu para ser soldados. Devemos nos abster de toda aparência do mal. Devemos ser bondosos uns para com os outros, terna e compassivamente, perdoando uns aos outros, assim como Deus, por amor a Cristo, nos perdoou. Não devemos nos ressentir de injúrias ou maldades; ao contrário, devemos retribuir o mal com o bem e oferecer a outra face à mão que nos fere. Devemos sempre ocupar o lugar mais baixo entre nossos semelhantes, e buscar, não a nossa própria honra, mas a honra dos outros. Devemos ser gentis, mansos e submissos, não defendendo nossos próprios direitos, mas os direitos dos outros. Devemos fazer tudo não para nossa própria glória, mas para a glória de Deus. E, para resumir tudo, visto que aquele que nos chamou é santo, assim também devemos ser santos em toda a nossa maneira de viver; porque está escrito: "Sede santos porque sou santo" (1Pedro 1:16).

Alguns cristãos parecem pensar que todos os requisitos de uma vida santa são atendidos quando há uma atividade cristã muito efetiva e bem-sucedida. E, porque estão tão envolvidos no serviço público para o Senhor, alguns sentem-se justificados em se mostrar rudes, desagradáveis e nada cristãos em sua vida privada. Mas esse não é o tipo de vida cristã a que me refiro. Se devemos andar como Cristo andou, deve ser em particular, assim como em público; em casa, assim como fora dela; e deve ser a cada hora, durante todo o dia, e não em períodos determinados ou em ocasiões fixas. Devemos ser tão parecidos com Cristo para nossos servos quanto somos para nosso ministro, e tão "bons" em nossos negócios quanto somos em nossas reuniões de oração.

O SEGREDO DA VERDADEIRA FELICIDADE

Na verdade, é na vida diária e doméstica que a piedade prática pode se manifestar melhor, e nós podemos questionar qualquer "profissão de fé" que não passe do teste da vida diária.

Um cristão mal-humorado, ou um cristão ansioso, um cristão desanimado, sombrio, um cristão duvidoso, um cristão que se queixa, um cristão exigente, um cristão egoísta, um cristão cruel, de coração duro, um cristão egocêntrico, um cristão de língua afiada ou espírito amargo, todos esses podem ser muito dedicados em seu trabalho e ocupar lugares honrosos na igreja; mas eles *não* são cristãos como Cristo, e não conhecem nada da realidade de que este livro trata, não importa quão elevado seja seu cargo.

A vida com Cristo, escondida em Deus, é uma vida oculta quanto à sua fonte, mas não deve ser oculta quanto aos seus resultados práticos. As pessoas devem ver que andamos como Cristo andou, se afirmamos que estamos permanecendo nele. Devemos provar que "possuímos" aquilo que "professamos". Devemos, em resumo, ser *verdadeiros* seguidores de Cristo, e não apenas seguidores *hipotéticos*. E isso significa muito. Significa que devemos real e absolutamente virar as costas para tudo o que é contrário à perfeita vontade de Deus. Significa que devemos ser um "povo separado", não apenas aos olhos de Deus, mas aos olhos do mundo ao nosso redor; e que, aonde quer que formos, todos saberão, pelos nossos hábitos, temperamentos, nossa conversa e nossos interesses, que somos seguidores do Senhor Jesus Cristo e que não somos do mundo, assim como Ele não era do mundo. Não devemos mais considerar nosso dinheiro como nosso, mas como pertencente ao Senhor, a ser usado em seu serviço. Não devemos nos sentir à vontade para usar nossas energias exclusivamente na busca de meios mundanos, mas devemos reconhecer que, se buscarmos primeiro o reino de Deus e sua justiça, todas as coisas necessárias nos serão acrescentadas. Seremos proibidos de buscar os lugares mais altos ou buscar vantagens mundanas. Não nos será permitido fazer de nós mesmos, como anteriormente, o centro de todos os nossos pensamentos e todos os nossos objetivos. Nossos dias terão de ser gastos, não em nos servir, mas em servir ao Senhor; e nos veremos chamados a suportar os fardos uns dos outros e, assim, cumprir a lei de Cristo. E todos os nossos deveres diários serão mais perfeitamente executados do que nunca, porque tudo o que fizermos será feito, "não servindo quando vigiados, como para agradar a homens, mas como servos de Cristo, cumprindo a vontade de Deus de coração" (Efésios 6:6).

Em tudo isso, sem dúvida seremos conduzidos pelo Espírito de Deus, se nos entregarmos à sua orientação. Mas, a menos que tenhamos o padrão correto de vida cristã diante de nós, podemos ser impedidos por nossa ignorância de reconhecer sua voz; e é por essa razão que desejo ser muito clara e precisa em minhas afirmações.

Tenho observado que, em todos os lugares nos quais alguém segue fielmente ao Senhor com uma alma consagrada, várias coisas acabam inevitavelmente acontecendo, mais cedo ou mais tarde.

Com o tempo, a mansidão e a tranquilidade espiritual se tornam as características da vida diária. Uma aceitação submissa da vontade de Deus, que se revela nos acontecimentos de cada hora do dia, é claramente demonstrada; estar pronto para fazer ou suportar tudo de acordo com o prazer da vontade de Deus; doçura sob provação; calma em meio à turbulência e à agitação; a disposição de atender aos desejos dos outros e uma insensibilidade a desprezos e afrontas; ausência de inquietação ou ansiedade; libertação da preocupação e do medo — todas essas e muitas outras graças semelhantes são invariavelmente encontradas como o desenvolvimento natural exterior da vida interior que está escondida com Cristo em Deus. Quanto aos hábitos de vida: sempre vemos tais cristãos, mais cedo ou mais tarde, deixando de lado pensamentos egoístas e tornando-se cheios de consideração pelos outros; eles se vestem e vivem de maneira simples e saudável; renunciam a hábitos de egocentrismo e abandonam todas as gratificações puramente carnais. Engajam-se em algum trabalho proveitoso para os outros, enquanto eliminam atividades desnecessárias em sua vida. A glória de Deus e o bem-estar de suas criaturas tornam-se a alegria que é absorvida pela alma. A voz é dedicada a Ele, para ser usada em louvores a Ele. A carteira é colocada à sua disposição. A caneta é dedicada a escrever para Ele, os lábios a falar por Ele, as mãos e os pés a fazer sua vontade. Ano após ano, esses cristãos tornam-se cada vez mais desapegados do mundo, mais serenos, mais voltados para o céu, mais transformados, mais semelhantes a Cristo, até mesmo seu rosto expressa vividamente a bela vida divina interior, de modo que todos aqueles que os veem não podem deixar de reconhecer que estão vivendo com Jesus e permanecendo nele.

Estou convencida de que cada um de vocês experimentou algumas indicações divinas ou prenúncios da vida que apresento aqui. Acaso você já não começou a se sentir vagamente consciente da voz de Deus falando com você, nas profundezas de sua alma, sobre essas coisas? Não tem sido uma dor e uma angústia para vocês ultimamente descobrir quão egocêntrica é sua vida? Sua alma não tem sido mergulhada em aflição interna e dúvida sobre certas disposições ou atividades em que costumavam se envolver? Vocês não começaram a se sentir desconfortáveis com alguns de seus hábitos de vida e a desejar que

RESULTADOS PRÁTICOS NA VIDA DIÁRIA

pudessem fazer de forma diferente em determinados aspectos? Não começaram a surgir diante de vocês caminhos de devoção e serviço, com um pensamento ansioso: "Ah, como eu gostaria de caminhar neles!". Todas essas perguntas, dúvidas e anseios internos são a voz do Bom Pastor em seu coração, buscando chamá-los para longe daquilo que é contrário à sua vontade. Permitam-me pedir a vocês que não se afastem desses suaves apelos! Vocês não têm ideia dos doces caminhos para os quais Ele pretende guiá-los por meio desses passos, nem das maravilhosas reservas de bem-aventurança que encontrarão ao final; caso contrário, vocês avançariam com alegria ansiosa para atender a cada um de seus requisitos. As alturas da perfeição cristã só podem ser atingidas por meio da fidelidade em seguir o Guia que nos levará até lá. Ele nos revela o caminho passo a passo, nas pequenas coisas do nosso cotidiano, pedindo apenas que nos entreguemos à sua orientação. Sejam, então, perfeitamente maleáveis em suas mãos queridas, para ir aonde Ele os atrai e afastar-se de tudo o que os faz recuar. Obedeçam perfeitamente no momento em que tiverem a certeza de sua vontade; e logo descobrirão que Ele os está guiando de maneira rápida e fácil para uma vida tão maravilhosa de conformidade com Ele mesmo que será um testemunho para todos ao seu redor, acima de tudo que vocês jamais imaginaram.

Conheci uma alma tão dedicada a seguir ao Senhor para onde quer que Ele a guiasse que rapidamente emergiu das profundezas da escuridão e do desespero para a verdadeira realização e a experiência de uma união abençoada com o Senhor Jesus Cristo. No auge de sua escuridão, ela se entregou totalmente ao Senhor, submetendo sua vontade a Ele, permitindo que Ele agisse em seu coração, inspirando-a a querer e fazer conforme o beneplácito da sua vontade. Imediatamente, Ele começou a falar com ela por meio de seu Espírito em seu coração, sugerindo-lhe alguns pequenos atos de serviço para Ele, e perturbando-a sobre certas coisas em seus hábitos e em sua vida, mostrando-lhe em que ela era egoísta e não semelhante a Cristo, e como ela poderia ser transformada. Ela reconheceu sua voz e se entregou a Ele sempre que era instada a fazê-lo, no momento em que teve certeza de sua vontade. Sua obediência rápida foi recompensada por um progresso rápido e, dia após dia, ela era conformada mais e mais à imagem de Cristo, até que, em pouco tempo, sua vida se tornou um testemunho tão poderoso para aqueles ao seu redor que alguns até mesmo que começaram opondo-se e duvidando foram forçados a reconhecer que era algo da parte de Deus, e se viram estimulados a uma rendição semelhante. E por fim, pouco tempo depois, ela avançou tão rapidamente que seu Senhor pôde revelar à sua alma maravilhada alguns dos segredos mais profundos de seu amor e cumprir para ela a maravilhosa promessa de Atos 1:5, concedendo-lhe a experiência do batismo do Espírito Santo. Você pensa que, alguma vez, ela se arrependeu de seguir ao Senhor de todo o coração? Ou que algo além de gratidão e alegria possa preencher sua alma quando ela relembra os passos pelos quais seus pés foram levados a esse lugar de maravilhosa bem-aventurança, mesmo que alguns deles possam ter parecido difíceis de aceitar na época? Ah, querida alma, se quiser conhecer uma bênção semelhante, entregue-se, como ela, à orientação do seu divino Mestre, e não tenha medo diante de nenhuma rendição pela qual Ele possa chamar.

O caminho perfeito é difícil para a carne.
Não é difícil ao amor.
Se estivesses doente por falta de Deus,
quão rapidamente te moverias!

RESULTADOS PRÁTICOS NA VIDA DIÁRIA

Certamente você pode confiar nele! E se algumas coisas parecerem de pouca importância para você, e que não mereçam a atenção do seu Senhor, lembre-se que Ele não vê como o homem vê, e que coisas pequenas para você podem ser aos olhos dele a chave e o fio condutor para as mais profundas fontes do seu ser. Nenhuma vida pode ser completa se falhar nos pequenos detalhes. Um olhar, uma palavra, até mesmo um tom de voz, por menores que pareçam ao julgamento humano, muitas vezes são de vital importância aos olhos de Deus. Seu grande desejo é segui-lo plenamente; então, você não pode dizer continuamente "Sim" a todos os doces mandamentos de Deus, sejam pequenos ou grandes, e confiar nele para guiar você, pelo menor caminho, para sua mais plena bem-aventurança?

Meu querido amigo, quer você saiba ou não, isso, e nada menos que isso, é o que a sua consagração significa. Significa obediência inevitável. Significa que a vontade do seu Deus deve ser doravante a sua vontade, em todas as circunstâncias e a todo momento. Significa que, desse momento em diante, você entregou sua liberdade de escolha e se entregou totalmente ao controle do Senhor. Significa segui-lo a cada instante, aonde quer que Ele o conduza, sem olhar para trás.

Tudo isso — e muito mais — está envolvido em sua entrega a Deus, e agora peço a você que cumpra sua palavra. Deixe de lado as demais coisas, para viver, em uma prática diária de vida e diálogo com os outros, a vida de Cristo que habita em você. Você está unido ao seu Senhor por um vínculo maravilhoso; então, ande como ele andou, e mostre ao mundo incrédulo a bendita realidade do grandioso poder de Deus para salvar, deixando que ele o salve por completo. Não tema consentir nisso, pois Ele é o seu salvador, e o poder dele faz todas as coisas. Ele não está pedindo, em sua pobre fraqueza, para você fazer isso por si mesmo; Ele apenas lhe pede que se entregue a Ele, para que Ele possa trabalhar em você e por intermédio de você pelo seu próprio poder. Sua parte é se entregar; a parte dele é trabalhar; e nunca, nunca Ele dará algum comando que não seja acompanhado por um grande poder para obedecer a Ele. Não se preocupe com o amanhã em relação a isso; apenas se entregue com grande confiança ao bom Pastor, que prometeu nunca chamar as próprias ovelhas para qualquer caminho sem que ele mesmo fosse adiante, a fim de tornar o caminho fácil e seguro. Aceite cada pequeno passo à medida que Ele o vai tornando mais claro para você. Traga toda a sua vida, em cada um dos detalhes, para Ele administrar e guiar. Siga pronta e rapidamente as doces sugestões do Espírito do Senhor em sua alma. E, dia após dia, verá que Ele o conduz mais e mais para a conformidade com a sua vontade em todas as coisas; moldando e formando sua vida, conforme sua capacidade de suportar, em um "vaso para honra, santificado e adequado para uso do Mestre, *e* preparado para toda boa obra" (2Timóteo 2:21). Assim, será dado a você o doce gozo de ser uma epístola de Cristo, "escrita em nosso coração, conhecida e lida por todos os homens" (2Coríntios 3:2); e sua luz brilhará tão intensamente que os homens vendo, não a você, mas as suas boas obras, glorificarão, não a você, mas ao seu Pai que está nos céus.

> Pois estás me moldando, e te agradeço, Senhor.
> O que fizeste e fazes, bem sabes.
> E te ajudarei: suavemente em teu fogo
> continuarei queimando; em tua roda de oleiro
> girarei paciente, mesmo que meu cérebro esteja tonto;
> tua graça será suficiente para acalmar minha dor,
> e a força crescente será aperfeiçoada por meio da terrível
> fraqueza.

RESULTADOS PRÁTICOS NA VIDA DIÁRIA

Não tenho conhecimento, sabedoria, discernimento,
   pensamento,
   nem entendimento adequados para explicar
a ti em tua obra, ó Perfeito! Tu me trouxeste
até aqui. E eis que o que realizaste
   não posso compreender. Mas posso clamar:
"Ó inimigo, o Criador não terminou.
Um dia contemplarás e não serás mais visto!".

Tu trabalhas perfeitamente. E, se parecer
   que algumas coisas não estão tão bem, é apenas porque
      são profundamente amorosas, excessivamente elevadas
   para mim, pobre criança, para compreender tuas leis.
De minha sabedoria mais elevada, metade é apenas sonho.
Meu amor corre indefeso como um riacho que cai.
   Teu bem abraça o mal. E eis que sua doença se dissipa.

(George McDonald).

CAPÍTULO 17

A alegria da obediência

Depois de abordar algumas das dificuldades nesta vida de fé, permita-me agora destacar algumas de suas alegrias. E, em primeiro lugar entre elas, está a alegria da obediência.

Há muito tempo encontrei em algum lugar a declaração: "A obediência perfeita seria a felicidade perfeita se apenas tivéssemos confiança perfeita no poder ao qual estamos obedecendo". Lembro-me de ter ficado impressionada com o ditado, como a revelação de um caminho possível, até então não imaginado, para a felicidade; e muitas vezes depois, quando me via repleta de conflitos internos, essa declaração vinha à minha mente como a visão de um repouso e de um progresso possível, algo que acalmaria e, ao mesmo tempo, daria satisfação a todos os meus anseios.

Preciso dizer que esse descanso me foi revelado agora, não como uma visão, mas como uma realidade? E que vi no Senhor Jesus o Mestre a quem podemos entregar nossa obediência absoluta, e, tomando seu jugo sobre nós, podemos encontrar nosso descanso perfeito?

Você não tem ideia, querida alma hesitante, da alegria que está deixando passar. O Mestre se revelou a você e está pedindo

A ALEGRIA DA OBEDIÊNCIA

a sua completa entrega, mas você hesita e recua. Está disposto a fazer certa medida de entrega, e até considera isso apropriado. No entanto, um abandono *total*, sem reservas, parece ser demais para você. Você tem receio. Parece exigir demais e representar um grande risco. Deseja ser obediente até certo ponto; a ideia de ser inteiramente obediente assusta.

Também observa outras almas que parecem lograr êxito em seguir com a consciência tranquila por caminhos muito mais amplos do que aquele que parece estar destinado a você, e se questiona por que isso é necessário. Parece estranho e talvez difícil para você ter de fazer o que elas não precisam fazer e deixar de fazer o que elas têm liberdade para fazer.

Ah, querido cristão, essa mesma diferença entre vocês é o seu privilégio, embora ainda não o reconheça. Seu Senhor diz: "Aquele que tem meus mandamentos e os guarda, esse é o que me ama; e aquele que me ama será amado de meu Pai, e eu o amarei e me manifestarei a ele" (João 14:21). Você *tem* os mandamentos dele; aqueles que você inveja não os têm. *Você* conhece a mente do seu Senhor sobre muitas coisas, enquanto *eles* ainda estão caminhando na escuridão. Isso não é um privilégio? Acaso seria motivo de lamentação que sua alma seja conduzida a relações tão próximas e íntimas com seu Mestre, a ponto de Ele poder revelar-lhe coisas que outras pessoas, mais distantes, talvez não saibam? Você não percebe o grau tão terno de intimidade que está implícito nisso?

Existem muitas relações na vida que exigem apenas graus moderados de devoção das diferentes partes envolvidas. Podemos ter amizades realmente agradáveis uns com os outros e, ainda assim, passar uma boa parte de nossa vida em interesses separados e em busca de objetivos muito diferentes. Quando estamos juntos, podemos desfrutar a companhia recíproca e encontrar muitos pontos em comum; mas a separação não nos causa desconforto particular, e outras amizades mais íntimas não são afetadas. Não existe um amor suficiente entre nós para nos conceder o direito ou o desejo de compartilhar os assuntos mais íntimos um do outro. Algum grau de reserva e distanciamento parece ser adequado nessas relações. Mas há outras relações na vida em que tudo isso muda. A amizade se transforma em amor. Os dois corações se entregam um ao outro, para não serem mais dois, mas apenas um. Uma união de almas ocorre, fazendo com que tudo que pertence a um se torne propriedade do outro. Interesses separados e caminhos separados na vida não são mais possíveis. Coisas que eram permitidas antes se tornam proibidas agora, por causa da proximidade do laço que os une. A reserva e a distância adequadas à mera amizade se tornam fatais no amor. O amor dá tudo e deve receber tudo em troca. Os desejos de um se tornam obrigações vinculantes para o outro, e o desejo mais profundo de cada coração é conhecer cada desejo secreto ou anseio do outro, para poder realizar seus desejos com prontidão.

Aqueles que estão nessa condição se sentem oprimidos pelo jugo que o amor impõe? Eles desejam as amizades frias, calmas e racionais que observam ao seu redor, e lamentam a proximidade a que suas almas são conduzidas ao seu amado devido às obrigações que isso acarreta? Eles não se orgulham dessas mesmas obrigações e, interiormente, sentem compaixão, com alegria terna, mas exultante, pelos pobres que estão distantes e não têm coragem de se aproximar? Acaso cada nova revelação dos desejos do amado não é uma nova delícia e um privilégio, e acaso algum caminho que seu amor os compele a percorrer é considerado difícil?

Ah, querida alma, se você já experimentou isso, ainda que por algumas horas, em qualquer relação terrena; se já amou alguém

A ALEGRIA DA OBEDIÊNCIA

o suficiente para ter alegria em se sacrificar e servir em seu nome; se já experimentou a sensação de abandonar completamente sua vontade em favor de outra pessoa como um privilégio abençoado e desejado, ou como uma realidade doce e preciosa, então eu desejaria, pelo ardente e terno amor do seu Amado celestial, que você também tivesse essa atitude para com Cristo!

Ele ama você com mais que um amor de amizade. Assim como um noivo se alegra com sua noiva, ele se alegra com você, e nada além da entrega da noiva vai satisfazê-lo. Ele lhe deu tudo, e pede tudo em troca. A menor retenção o entristecerá profundamente. Ele não poupou a si mesmo, então como você pode se poupar? Por você, Ele deu generosamente tudo o que tinha, e é por Ele que você deve entregar tudo o que tem, sem reservas ou limitações.

Oh, seja generoso em sua entrega plena! Corresponda à devoção imensurável dele por você com uma devoção imensurável por Ele. Alegre-se e deseje ardentemente se entregar sem reservas em seus braços amorosos e entregar as rédeas do governo de sua vida a ele. Tudo o que há em você, deixe que ele possua. Renuncie para sempre a tudo o que é separado dele. Consinta em renunciar, daqui em diante, a toda liberdade de escolha, e o glorifique na bem-aventurada proximidade da união que torna esse entusiasmo de dedicação não apenas possível, mas também necessário.

Você nunca sentiu o desejo de dedicar seu amor e sua atenção a alguém social ou geograficamente distante, com quem você não tinha intimidade suficiente para tentar uma aproximação mais estreita? Você não sentiu uma capacidade de entrega de si mesmo e de devoção que parecia queimar dentro de você como fogo, mas não teve um objeto sobre o qual ousasse derramar-se? Suas mãos nunca estiveram cheias de "frasco de alabastro com um unguento muito precioso" (Mateus 26:7)? Nunca esteve perto o suficiente de nenhum coração para derramar esse unguento? Se você está ouvindo a voz amorosa do seu Senhor, convidando-o a um lugar de proximidade com Ele, que exigirá separação de tudo o mais e tornará um entusiasmo de devoção não apenas possível, mas também necessário, você hesitará ou recuará? Você acha difícil que Ele lhe revele mais de sua mente do que faz aos outros, e que não permita que você seja feliz em qualquer coisa que o separe dele? Você quer ir aonde Ele não pode ir com você, ou ter interesses que Ele não pode compartilhar?

Não! Não, mil vezes não! Você se lançará para encontrar a adorável vontade de Deus com uma alegria ansiosa. Até mesmo o menor desejo dele se tornará uma lei vinculativa para você, pois desobedecê-lo partiria seu coração. Você se gloriará no caminho estreito que Ele traça para você e sentirá uma piedade infinita pelos pobres distantes que perderam essa alegria preciosa. As obrigações do amor serão para você seus mais doces privilégios; e o direito que você ganhou de entregar completamente tudo o que tem ao seu Senhor parecerá elevá-lo a uma esfera de glória inigualável. A plenitude da felicidade na obediência perfeita se manifestará em sua alma, e você começará a compreender parte do que Jesus quis dizer com as seguintes palavras: "Deleito-me em fazer a tua vontade, ó Deus meu" (Salmos 40:8).

Você acredita que a alegria nisso será exclusivamente sua? Acaso o Senhor também não se alegra naqueles que se entregam a Ele dessa forma e que amam obedecê-lo? Ah, meus amigos, não somos capazes de entender isso, mas certamente as Escrituras nos revelam vislumbres da alegria, da satisfação e do gozo que o nosso Senhor tem em nós, que alegra nossa alma com suas sugestões maravilhosas de bem-aventurança.

É fácil compreender que precisamos dele; que Ele precise de nós, porém, parece incompreensível. Que nosso desejo deveria ser para Ele, isso é algo natural, mas que seu desejo deveria ser para nós ultrapassa os limites da crença humana. E, ainda assim, Ele diz isso, e o que podemos fazer senão acreditar nele? Ele nos capacitou o coração para esse amor supremo e ofereceu-se como objeto desse amor. Isso é infinitamente precioso para Ele. Tanto Ele o valoriza que fez do amor o primeiro e mais importante de todos os seus mandamentos: que devemos amá-lo com todas as nossas forças e com todo o nosso vigor. Continuamente, em cada coração, ele está batendo, pedindo para ser aceito como o âmago supremo do amor. "Você quer me ter", pergunta Ele ao crente, "para ser teu Amado? Quer seguir-me no sofrimento e na solidão, e suportar dificuldades por minha causa, e não pedir nenhuma recompensa senão meu sorriso de aprovação e elogios? Deseja entregar-se completamente, com uma paixão fervorosa, à minha vontade? Quer me entregar o controle absoluto da sua vida e de tudo o que você tem? Estará contente em agradar somente a mim? Posso conduzi-lo em todos os aspectos da sua vida? Estará em uma união tão próxima comigo a ponto de se tornar necessária uma separação do mundo? Você me aceitará como seu esposo celestial e deixará todos os outros para se unir somente a mim?".

Ele oferece essa união consigo mesmo de mil maneiras a cada crente. Mas nem todos dizem "Sim" a Ele. Outros amores e interesses parecem ser muito preciosos para serem deixados de lado. Eles não perdem o Céu por essa razão, mas deixam de experimentar no presente uma alegria indescritível.

No entanto, você não é um desses. Desde o princípio, sua alma tem respondido ansiosa e alegremente a todas as ofertas dele, dizendo: "Sim, Senhor, sim!". Você está totalmente disposto a dedicar a Ele todos os seus mais preciosos tesouros de amor e devoção. Você apresentou a Ele um fervor de entrega de si mesmo que talvez possa incomodar e angustiar os chamados cristãos prudentes e moderados ao seu redor. Seu amor torna necessária uma separação do mundo — uma separação que um amor menor nem sequer pode conceber. Sacrifícios e serviços são doces e possíveis para você, de modo que não poderiam ser alcançados por uma devoção mais hesitante. A vida de amor, na qual você entrou, lhe dá o direito a um derramamento abundante de tudo sobre o seu Amado. Uma intimidade e uma amizade, nas quais as almas mais distantes não podem ingressar, tornam-se agora, não apenas seu privilégio, mas também seu dever. Seu Senhor requer de você, por causa de sua união com ele, muito mais do que requer deles. O que para eles é lícito, o amor tornou ilícito para você. Para você, ele pode confiar seus segredos e aguarda uma resposta imediata a cada chamado de seu amor.

Oh, é maravilhoso o privilégio glorioso e indescritível no qual você entrou! Quão pouco importará para você se os homens o odiarem e o separarem de sua companhia, e o repreenderem e lançarem seu nome como mal por amor a Ele! Você pode muito bem regozijar-se "nesse dia, e saltai de alegria" (Lucas 6:23), pois sua recompensa é grande no céu. Afinal, se você é participante do sofrimento do Senhor, também será participante de sua glória.

Em você, Ele vê o "trabalho da alma do Senhor" e fica satisfeito. Seu amor e sua devoção são a preciosa recompensa por tudo o que Ele fez por você. É algo indescritivelmente doce para Ele. Portanto, não tenha medo de se entregar em uma devoção completa ao seu Senhor, que não tolera reservas. Outros podem não aprovar, mas ele aprovará; e isso é suficiente. Não restrinja nem meça sua obediência ou seu serviço. Deixe seu coração e sua mão tão livres para servi-lo quanto o coração e a mão dele estavam para servir a você. Deixe-o ter tudo o que há em você, corpo, alma, mente, espírito, tempo, talentos, voz, tudo. Abra toda a sua vida diante dele, para que Ele possa controlá-la. Diga a Ele todos os dias: "Senhor, capacita-me a gerir este dia de forma a te agradar! Dá-me discernimento espiritual para descobrir qual é a tua vontade em todas as relações da minha vida. Guia-me em meus interesses, minhas amizades, minha leitura, minha vestimenta, meu serviço cristão". Não deixe que haja um dia ou uma hora em que você não esteja conscientemente fazendo a vontade de Deus e seguindo-o por completo.

Um serviço pessoal ao seu Senhor como este dará uma auréola à vida mais pobre e dourará a existência mais monótona com um brilho celestial. Você já lamentou como o romance da juventude se desvanece tão rapidamente na dura realidade do mundo? Traga Cristo para sua vida e para todos os seus detalhes dessa forma, e um romance muito mais grandioso do que os dias mais brilhantes da juventude poderiam conceber encantará sua alma, e nada mais parecerá difícil ou árduo novamente. A vida mais humilde será glorificada por isso. Muitas vezes, ao observar uma pobre mulher em seu tanque de lavar roupa e refletir sobre os aspectos desanimadores de sua vida, eu me senti tentada a questionar por que tais existências são necessárias. Então, eu me lembrei com uma sensação de alegria desse potencial de glorificação, percebendo que até mesmo uma vida modesta, vivida em Cristo e com Cristo, seguindo-o aonde quer que Ele possa levá-la, seria preenchida por um romance espiritual que tornaria cada momento grandioso; enquanto, para as vidas terrenas mais ricas ou mais poderosas, nada mais glorioso seria possível.

O próprio Cristo, quando esteve na Terra, declarou a verdade de que não havia bem-aventurança igual à bem-aventurança da obediência. "E aconteceu que, enquanto falava essas coisas, certa mulher dentre a multidão levantou a voz e disse-lhe: 'Bem-aventurado *é* o ventre que te deu à luz, e *bem-aventurados* os peitos em que mamaste'. Mas ele disse: 'Sim, mas bem--aventurados *são* antes os que ouvem a palavra de Deus e a guardam'" (Lucas 11:27-28).

Mais bem-aventurado ainda do que ter sido a mãe terrena de nosso Senhor, ou tê-lo carregado em nossos braços e alimentado em nosso seio (e quem poderia medir a felicidade disso?), é ouvir e obedecer à sua vontade.

Que nossos corações rendidos anseiem com alegria para descobrir e abraçar a adorável vontade do nosso amoroso Deus!

CAPÍTULO 18

União divina

Todos os caminhos de Deus com a alma do crente visam uni-la consigo mesmo, cumprindo, assim, a oração do nosso Senhor: "para que todos sejam um, como tu, Pai, *estás* em mim e eu em ti; para que também sejam um em nó [...] eu neles e tu em mim, para que sejam aperfeiçoados como um só e para que o mundo saiba que me enviaste e os amaste, assim como amaste a mim" (João 17:21,23).

Essa união divina foi o glorioso propósito no coração de Deus para seu povo antes da fundação do mundo. Foi o mistério escondido de gerações e eras. Foi realizado na morte de Cristo. Foi revelado pelas Escrituras; e é experimentado como uma experiência real por muitos dos queridos filhos de Deus.

No entanto, isso não se aplica a todos. É uma verdade para todos, e Deus não a escondeu nem a tornou difícil; no entanto, muitos têm olhos fracos e corações incrédulos, incapazes de compreendê-la. Portanto, com o propósito de trazer seu povo para a realização pessoal e efetiva disso, o Senhor os chama fervorosa e repetidamente a se entregarem a ele, para que ele possa operar neles todo o beneplácito de sua vontade.

Todos os estágios anteriores na jornada cristã nos conduzem a esse ponto. O Senhor nos criou para isso; e, até que o tenhamos apreendido de forma inteligente e tenhamos consentido voluntariamente em abraçá-lo, o "trabalho da alma do Senhor" por nós não estará satisfeito, nem nossos corações terão encontrado seu verdadeiro e destinado repouso.

O curso normal da experiência cristã é retratado na história dos discípulos. Primeiro, eles foram despertados para ver sua condição e sua necessidade, e vieram a Cristo, entregando-lhe sua lealdade. Então, seguiram-no, trabalharam por Ele, creram nele; e, ainda assim, quão diferentes eram dele! Buscando um ser superior a outro; fugindo da cruz; mal entendendo sua missão e suas palavras; abandonando seu Senhor na hora do perigo; mas, ainda assim, foram enviados para pregar, reconhecidos por Ele como seus discípulos, recebendo poder para trabalhar por Ele. Eles conheciam a Cristo apenas "segundo a carne", como uma figura externa; Ele era seu Senhor e Mestre, mas ainda não era a sua vida.

Depois, veio o Pentecostes, e esses discípulos passaram a reconhecê-lo como revelado internamente; como alguém unido a eles de forma real, com sua própria vida residindo dentro deles. Desse momento em diante, Cristo tomou seu lugar neles interiormente, operando neles o querer e o efetuar conforme a sua boa vontade, libertando-os, pelo poder do Espírito que habita neles, da escravidão da lei do pecado e da morte que antes os dominava. Não era mais uma guerra de vontades e um choque de interesses entre eles e o Senhor. Uma vontade apenas os animava: a vontade de Deus. Um único interesse era amado por eles: o interesse dele. Eles foram feitos *um* com o Senhor.

E certamente todos podem reconhecer esse quadro, embora sua fase final ainda não tenha sido totalmente alcançada. Talvez você, caro leitor, tenha deixado muito para seguir a Cristo; talvez tenha crido nele, trabalhado para ele e o tenha amado, mas, ainda assim, não seja como ele. Você conhece a lealdade e a confiança, mas ainda não a união. Existem duas vontades, dois interesses, duas vidas. Você ainda não perdeu a própria vida para viver somente na dele. Uma vez era "somente eu, sem Cristo". Depois "eu e Cristo". Talvez agora sejam até "Cristo e eu". Mas já chegou ao ponto de ser "somente Cristo, e não eu"?

Se não é assim, permita-me sugerir como poderia ser feito. Se você acompanhou até aqui todos os capítulos deste livro, é provável que esteja agora pronto para dar o passo decisivo de fé, o passo que levará sua alma para fora de si mesma e em direção a Cristo. Você estará preparado para permanecer nele para sempre e não conhecer outra vida além da dele.

Tudo o que você precisa, portanto, é entender o que as Escrituras ensinam sobre essa união maravilhosa, para ter certeza de que ela é realmente destinada a você.

Se você ler passagens como 1Coríntios 3:16: "Não sabeis que sois o templo de Deus e *que* o Espírito de Deus habita em vós?", e então olhar para o início do capítulo, verá a quem essas palavras maravilhosas são ditas, até mesmo às "criancinhas em Cristo" (1Coríntios 3:1), que eram "ainda carnais" e andavam de acordo com os homens. Então, você verá que essa união de alma de que falo, esse mistério indescritivelmente glorioso de um Deus que habita em nós, pertence até mesmo ao mais fraco e falho dos crentes em Cristo; de modo que não é uma coisa nova que você deve pedir, mas apenas se dar conta daquilo que já tem. Todo seguidor do Senhor Jesus pode afirmar com certeza que seu "corpo é o templo do Espírito Santo, *o qual está em vós e recebestes de Deus*" (1Coríntios 6:19).

Mas, embora isso seja verdade, também é igualmente verdadeiro que, a menos que o crente o saiba e viva no poder dessa realidade, é como se ela não existisse. Da mesma forma que os tesouros debaixo do campo de um homem, que já estavam lá antes de serem conhecidos ou usados por ele, a vida de Cristo habita em cada crente, mesmo antes de ele reconhecê-la e vivê-la, assim como posteriormente, embora seu poder não se manifeste até que, de maneira consciente e voluntária, o crente abandone sua própria vida e aceite a vida de Cristo em seu lugar.

Mas é muito importante não cometer erros aqui. Essa união com Cristo não é uma questão de emoções, mas de caráter. Não é algo que devemos *sentir*, mas algo que devemos *ser*. Podemos senti-la de forma muito abençoada, e provavelmente o faremos; porém, o mais importante não é o sentimento, mas a realidade.

Ninguém pode ser um com Cristo se não for semelhante a Ele. Essa é uma verdade manifesta; no entanto, receio que muitas vezes isso seja subestimado, e emoções intensas de amor e alegria são erroneamente consideradas sinais e evidências de união divina, mesmo quando as provas essenciais de uma vida e de um caráter semelhantes a Cristo estão claramente ausentes. Isso é totalmente contrário à declaração das Escrituras de que "Aquele que *diz* que permanece nele deve, ele mesmo, *andar* como Ele andou" (1João 2:6). Não há como fugir disso, pois não é apenas uma declaração divina; é algo que está na própria natureza das coisas.

Assim, se estivermos verdadeiramente unidos a Cristo, sermos semelhantes a Ele e vivermos como Ele não serão ações contrárias à nossa natureza, mas, sim, em conformidade com ela. Doçura, gentileza, mansidão, paciência, longanimidade, caridade, bondade — tudo isso será natural para o cristão que é participante da natureza de Cristo. Isso não poderia ser diferente.

Mas as pessoas que vivem em suas emoções nem sempre percebem isso. Elas se *sentem* tão unidas a Cristo que não olham além

UNIÃO DIVINA

desse sentimento, e muitas vezes se iludem pensando que entraram na união divina quando, durante todo o tempo, sua natureza e sua disposição ainda estão sob a influência do amor-próprio.

Agora, todos sabemos que nossas emoções são muito pouco confiáveis e são, em grande parte, resultado de nossa condição física ou de nosso temperamento natural. Portanto, é um erro fatal fazer delas o teste de nossa união com Cristo. Esse erro funciona em ambas as direções. Se tenho emoções muito alegres, posso ser iludido pensando que entrei em uma união divina quando, na verdade, não entrei; e, se não tiver emoções, posso lamentar por não ter entrado quando, na verdade, já entrei.

O caráter é o único teste real. Deus é santo, e aqueles que estão unidos a Ele também serão santos. Nosso Senhor expressou sua unidade com o Pai em palavras como: "o Filho nada pode realizar por si mesmo, a não ser o que vê o Pai realizando; porque tudo o que ele faz o Filho faz da mesma forma" (João 5:19). "Mas, se as realizo, ainda que não creiais em mim, crede nas obras, para que saibais e creiais que o Pai *está* em mim, e eu, nele" (João 10:38).

Portanto, o teste que Cristo deu, por meio do qual a realidade de sua unidade com o Pai seria conhecida, foi o fato de que ele realizava as obras do Pai; e não conheço outro teste para nós agora.

Em relação à natureza, sempre é verdade que uma árvore deve ser conhecida pelos seus frutos; e, se tivermos entrado na união divina, produziremos os frutos divinos de uma vida e de um modo de falar semelhantes ao de Cristo, pois "Aquele que diz: 'Eu o conheço', mas não guarda seus mandamentos, é mentiroso, e a verdade não está com ele. Mas todo aquele que guarda sua palavra, nele verdadeiramente o amor de Deus está aperfeiçoado; com isso sabemos que estamos nele" (1João 2:4-5).

"Com isso sabemos que", ou seja, pela "observância de sua palavra". Portanto, não dê importância aos seus sentimentos quando se trata de união com Cristo, mas certifique-se de ter os frutos realmente vitais de uma unidade em caráter, caminho e mente. Suas emoções podem ser muito agradáveis, ou podem ser muito deprimentes. Em nenhum caso elas constituem indicações reais de seu estado espiritual. Com frequência, os cristãos muito pouco desenvolvidos têm experiências emocionais muito poderosas. Conheci uma cristã que era constantemente mantida acordada pelas "ondas de salvação", como ela descrevia, que a assolavam a noite toda, mas, ainda assim, ela não dizia a verdade em suas interações com os outros e estava muito longe de ser honesta em seus negócios. Ninguém poderia acreditar que ela soubesse alguma coisa sobre uma verdadeira união divina, apesar de todas as suas emoções fervorosas a esse respeito.

Sua alegria no Senhor deve ser algo muito mais profundo do que uma mera emoção. Deve ser a alegria do conhecimento, da percepção, da existência real. É muito mais gratificante ser um pássaro, com toda a realidade do voo, do que apenas sentir-se como se fosse um pássaro, sem nenhum poder real de voar. A realidade é sempre o aspecto mais importante.

Agora, estando protegidos contra esse perigo de uma experiência emocional de união divina, vamos examinar de que forma é possível alcançar a realidade. Primeiro eu diria que não é uma nova atitude a ser tomada por Deus, mas apenas uma nova atitude a ser adotada por nós. Se eu realmente sou um filho de Deus, então, por necessidade, meu coração já é o templo de Deus, e Cristo já está dentro de mim. Portanto, é necessário apenas que eu reconheça sua presença e me renda totalmente ao seu controle.

UNIÃO DIVINA

Parece-me algo assim: é como se Cristo estivesse vivendo em uma casa, trancado em um armário distante, desconhecido e despercebido pelos moradores da casa, ansiando por se fazer conhecido por eles e ser um com eles em toda a sua rotina e compartilhar todos os seus interesses, mas relutante em se impor à sua atenção, porque somente uma companhia voluntária poderia atender ou satisfazer às necessidades de seu amor. Os dias seguem seu curso naquela casa abençoada, enquanto seus habitantes permanecem inconscientes do maravilhoso privilégio que têm. Eles vão e vêm em todos os seus afazeres diários, sem pensar em seu maravilhoso hóspede. Eles traçam seus planos sem considerá-lo. Sua sabedoria para orientar e sua força para proteger são ignoradas. Assim, passam-se dias e semanas solitários, imersos em tristeza, que poderiam ter sido repletos da doçura de sua presença.

No entanto, de repente surge o anúncio: "O Senhor está na casa!". Como o proprietário reagirá a essa notícia? Ele receberá com gratidão ansiosa e abrirá todas as portas para a entrada de seu glorioso hóspede? Ou hesitará, sentindo-se receoso de sua presença, e tentará reservar algum canto privado como refúgio de seu olhar onipresente?

Querido amigo, darei a você a feliz notícia de que o Senhor está em seu coração. Desde o dia da sua conversão, ele tem habitado aí, mas você viveu na ignorância a esse respeito. Cada momento durante todo esse tempo poderia ter sido passado na luz doce de sua presença, e cada passo poderia ter sido dado sob seu conselho. Mas, como você não soube e nunca procurou por ele aí, sua vida foi solitária e cheia de falhas. Mas agora que dou essa notícia a você, como a receberá? Está contente por tê-lo? Você abrirá todas as portas amplamente para recebê-lo? Entregará alegre e grato o governo da sua vida nas mãos do

Senhor? Você o consultará sobre todas as coisas e deixará que ele decida cada passo e trace cada caminho para você? Você o convidará para seus aposentos mais íntimos e fará dele participante da sua vida mais oculta? Você dirá "Sim!" a todo o desejo de Deus com você e, em um abandono alegre e ansioso, entregará a si mesmo e entregará tudo o que for sobre você nas mãos do Senhor? Se você fizer isso, então sua alma começará a conhecer algo da alegria da união com Cristo.

No entanto, faltam-me palavras aqui! Tudo o que posso dizer é apenas um fraco retrato da abençoada realidade. Pois muito mais glorioso do que ter Cristo como morador da casa ou do coração é ser trazido a uma união tão real e concreta com ele a ponto de ser um com ele — uma vontade, um propósito, um interesse, uma vida. Palavras humanas não podem expressar tamanha glória como essa. E, mesmo assim, isso deve ser expresso, e nossas almas devem ansiar tanto por alcançar essa glória que não consigamos descansar, nem de dia nem de noite, sem ela. Você entende as palavras "um com Cristo"? Você consegue visualizar o menor vislumbre de seu significado maravilhoso? Sua alma, por completo, não começa a exultar com um destino tão maravilhoso? Parece demasiadamente maravilhoso para ser verdade que seres tão pobres, fracos e tolos como nós sejam criados para um fim desse tipo; e, ainda assim, é uma realidade abençoada. Até mesmo somos *ordenados* a entrar nessa realidade. Somos exortados a abdicar de nossa própria vida para que a vida do Senhor possa ser vivida em nós; é requerido que não tenhamos interesses além dos dele, para compartilhar suas riquezas, entrar em suas alegrias, participar de seus pesares, manifestar sua semelhança, ter a mesma mente que ele tinha, pensar, sentir, agir e andar como ele fez.

Vamos concordar com tudo isso? O Senhor não vai nos impor essa realidade, pois Ele nos quer como seus companheiros e amigos, e uma união forçada seria incompatível com isso. Deve ser voluntário de nossa parte. A noiva deve dizer um "Sim" disposto ao noivo, ou a alegria de sua união estará incompleta. Não podemos dizer um "Sim" disposto ao nosso Senhor?

É uma troca muito simples e, ainda assim, bem real. Os passos são apenas três: primeiro, devemos estar convencidos de que as Escrituras ensinam essa gloriosa habitação de Deus; em seguida, devemos nos render completamente a Ele para pertencermos a Ele; e, por fim, devemos crer que Ele *nos tomou* para si e *está* habitando em nós. Devemos começar a nos considerar mortos e a considerar Cristo nossa única vida. Devemos manter essa atitude da alma de maneira inabalável. Isso nos ajudará a dizer: "Estou crucificado com Cristo, mas vivo; não obstante, não eu, e sim Cristo vive em mim" (Gálatas 2:19-20), repetidas vezes, dia e noite, até que se torne a respiração habitual de nossa alma. Devemos nos despir de nossa vida egoísta continuamente, e nos revestir da vida de Cristo; e devemos fazer isso, não apenas pela fé, mas também na prática. Devemos continuamente matar o egoísmo em todos os aspectos da vida diária e deixar Cristo viver e trabalhar em nós. Com isso, quero dizer que nunca devemos agir de forma egoísta, mas sempre de forma cristã. Devemos permitir que isso se torne, por sua constante repetição, a atitude de todo o nosso ser. E, tão certo quanto fizermos isso, finalmente entenderemos algo do que significa ser feito um com Cristo, assim como Ele e o Pai são um. Cristo deixou tudo para se unir a nós; acaso não devemos nós também deixar tudo para nos unirmos a Ele, nessa união divina que transcende as palavras, mas pela qual nosso Senhor orou quando disse: "E não oro por estes somente, mas também por aqueles que crerão em mim pela palavra deles; para que todos sejam um, como tu, Pai, *estás* em mim e eu em ti; para que também sejam um em nós" (João 17:20-21)?

CAPÍTULO
19

As carruagens de Deus

Já foi dito, apropriadamente, que "as preocupações terrenas são uma disciplina celestial", mas elas são algo ainda melhor do que disciplina: são as carruagens de Deus, enviadas para elevar a alma às suas alturas de triunfo.

Não parecem ser carruagens. Em vez disso, parecem inimigos, sofrimentos, provações, derrotas, mal-entendidos, decepções, crueldades. Parecem veículos de rolo compressor da miséria e da desgraça, esperando apenas para rolar por cima de nós e nos esmagar em terra. Se conseguíssemos enxergá-las como verdadeiramente são, entenderíamos que são veículos triunfantes nos quais podemos ascender às vitórias pelas quais nossa alma tem ansiado e suplicado. Um veículo rolo compressor é algo visível; a carruagem de Deus é invisível. O rei da Síria veio contra o homem de Deus com cavalos e carruagens que podiam ser vistas por todos, mas Deus tinha carruagens que não podiam ser vistas, exceto pelo olho da fé. O servo do profeta só podia ver o exterior e o visível; e ele clamava, como tantos têm feito desde então: "Ai, meu senhor! Como devemos fazer?" (2Reis 6:15). Mas o profeta estava sentado calmamente dentro de sua casa sem medo, porque seus olhos estavam abertos para ver o invisível; e tudo o que ele pediu para seu servo foi: "Senhor, peço-te que lhe abras os olhos, para que veja" (2Reis 6:17).

Essa é a oração que precisamos fazer por nós mesmos e pelos demais: "Senhor, abre nossos olhos para que possamos ver"; pois o mundo ao nosso redor, assim como ao redor do profeta, está cheio de cavalos e carruagens de Deus, esperando para nos levar a lugares de gloriosa vitória. E, quando nossos olhos estiverem assim abertos, veremos em todos os eventos da vida, sejam grandes ou pequenos, sejam alegres ou tristes, uma "carruagem" para nossa alma.

Tudo o que acontece conosco se torna uma carruagem no momento em que o tratamos como tal; por outro lado, até mesmo as menores provações podem ser um veículo de rolo compressor para nos esmagar na miséria ou no desespero se assim as considerarmos. Cabe a cada um de nós escolher o que elas serão. Tudo depende não do que esses eventos são, mas de como os encaramos. Se nos deitarmos sob eles e os deixarmos rolar sobre nós e nos esmagar, tornam-se veículos de rolo compressor, mas, se subirmos neles, como em um veículo de vitória, e os fizermos nos levar triunfantemente para frente e para o alto, tornam-se as carruagens de Deus.

Sempre que subimos nas carruagens de Deus, acontece espiritualmente conosco o mesmo que aconteceu com Elias: teremos uma transladação. Não para os céus acima de nós, como Elias fez, mas para o céu dentro de nós; e isso, afinal, é quase uma transladação mais grandiosa do que a dele. Seremos transportados para longe do reino terreno, limitado e mesquinho da vida, onde tudo causa dor e infelicidade, para os "lugares celestiais em Cristo Jesus" (Efésios 2:6), onde podemos triunfar sobre tudo o que está abaixo de nós.

Esses "lugares celestiais" são interiores, não exteriores; e o caminho que leva até eles também é interior. Mas a carruagem que transporta a alma por esse caminho geralmente é alguma perda, provação ou decepção exterior; alguma disciplina que, na verdade, não parece ser alegre no momento, mas, sim, dolorosa; no entanto, "produz depois o fruto pacífico da justiça aos que por ela são exercitados" (Hebreus 12:11).

Em Cantares de Salomão, somos informados de carruagens que, no seu interior, eram "revestidas com amor" (Cantares 3:10). Nem sempre podemos ver o revestimento de amor em nossa própria carruagem. Muitas vezes, parece muito desagradável. Pode ser um parente ou amigo de temperamento difícil; pode ser o resultado de malícia, crueldade ou negligência humanas; mas toda carruagem enviada por Deus deve necessariamente ser revestida com amor, visto que Deus é amor; e o amor de Deus é a coisa mais doce, suave e terna em que alguém pode repousar que já foi encontrada por qualquer alma em qualquer lugar. É justamente o amor dele que envia a carruagem.

Veja os corretivos por que você passou: ainda que pareçam extremamente dolorosos no momento, como as carruagens enviadas por Deus para elevar sua alma às "alturas" da realização espiritual e do crescimento, perceberá que, no fim das contas, estão "revestidos de amor".

A Bíblia nos informa que, quando Deus saiu em busca da salvação de seu povo, Ele foi "montado em teus cavalos e em tuas carruagens de salvação" (Habacuque 3:8); e é o mesmo agora. Tudo se torna uma "carruagem de salvação" quando Deus o conduz. É-nos dito que ele faz até mesmo "das nuvens o seu carro [carruagem]" e "anda sobre as asas do vento" (Salmos 104:3). Portanto, as nuvens e tempestades que escurecem nossos céus e parecem ocultar o brilho do sol da justiça são, na verdade, apenas as carruagens de Deus, nas quais podemos nos unir a ele e "cavalgar com sucesso" sobre toda a escuridão.

Querido leitor, você já transformou as nuvens de sua vida em suas carruagens? Você está "cavalgando de maneira próspera", com Deus sobre todas elas?

Conheci uma senhora que tinha uma serva muito lenta. A moça era excelente em todos os outros aspectos e muito valiosa na casa; mas sua lentidão era fonte constante de irritação para sua patroa, que era naturalmente rápida e sempre se incomodava com a lentidão. Consequentemente, essa senhora se irritava com a moça vinte vezes ao dia, e vinte vezes ao dia se arrependia de sua raiva e resolvia superá-la, mas tudo em vão. Sua vida se tornara miserável por causa desse conflito. Um dia, ela percebeu que havia muito tempo vinha orando por paciência, e que talvez essa serva lenta fosse justamente a carruagem que o Senhor havia enviado para conduzir sua alma até a paciência. Então, ela imediatamente aceitou isso como realidade e, a partir de então, usou a lentidão de sua serva como uma carruagem para sua alma; e o resultado foi uma vitória de paciência que nenhuma lentidão, de pessoa alguma, jamais conseguiu voltar a perturbar.

Conheci outra senhora em uma convenção lotada que tivera de dormir em um quarto com outras duas pessoas por causa da multidão. Ela queria dormir, mas as outras queriam conversar; e, na primeira noite, mesmo depois que as outras se haviam aquietado e ela poderia ter dormido, ela permaneceu muito perturbada, deitada lá, irritada e resmungando. Mas, no dia seguinte, ela ouviu algo sobre as carruagens de Deus e, à noite, aceitou essas amigas falantes como suas carruagens para conduzi-la à doçura e à paciência, e permaneceu em uma tranquilidade inabalável. No entanto, quando ficou muito tarde e ela sabia que todos deveriam estar dormindo, ela ousou dizer astutamente: "Amigas, estou deitada aqui viajando em uma carruagem!". O efeito foi instantâneo e reinou um silêncio absoluto! Sua carruagem a havia levado à vitória, não apenas interiormente, mas, por fim, também exteriormente.

Se andássemos nas carruagens de Deus, em vez de andar em nossas próprias, descobriríamos que isso ocorre continuamente.

Nossa tentação constante é confiar nas "carruagens do Egito", ou, em outras palavras, nos recursos terrenos. Podemos vê-los; são tangíveis e reais, e parecem substanciais; enquanto as carruagens de Deus são invisíveis e intangíveis, e é difícil acreditar que elas estejam lá.

O fato é que tentamos alcançar lugares espirituais elevados com a "multidão de nossas carruagens". Sempre dependemos de uma coisa ou de outra para avançar em nossa condição espiritual e obter vitória espiritual. "Descem ao Egito em busca de socorro" (Isaías 31:1). E muitas vezes Deus é obrigado a destruir todas as nossas carruagens terrenas antes de chegar ao ponto de fazer com que subamos nas suas.

Dependemos demais de um amigo querido para nos ajudar a avançar na vida espiritual, e o Senhor é obrigado a nos separar desse amigo. Sentimos que toda a nossa riqueza espiritual depende de continuarmos sob o ministério de um pregador favorito e, então, ele é misteriosamente removido. Consideramos nossa reunião de oração ou nossa classe de estudo bíblico a principal fonte de nossa força espiritual, e somos impedidos de participar delas. E a "carruagem de Deus", que, sozinha, pode nos levar aos lugares aos quais esperávamos ser conduzidos pelos instrumentos de que estávamos dependendo, é encontrada nas próprias privações que tanto lamentamos. Deus deve consumir com o fogo de seu amor todas as carruagens que obstruem o caminho de nossa ascensão em direção a ele.

Precisamos ser levados ao ponto em que todos os outros refúgios nos faltem antes de podermos dizer: "Somente Ele".

Dizemos, "Ele *e* algo mais", "Ele e minha experiência", ou "Ele e meus relacionamentos na igreja", ou "Ele e meu serviço cristão"; e tudo o que vem depois do "e" deve ser tirado de nós, ou deve se provar inútil, antes que possamos chegar ao "Somente Ele". Enquanto as carruagens visíveis estiverem ao alcance, a alma não se elevará para as invisíveis.

Sejamos gratos, portanto, por cada provação que ajudará a destruir nossas carruagens terrenas e que nos fará buscar refúgio na carruagem de Deus, que está pronta e esperando ao nosso lado em cada evento e circunstância da vida. É-nos dito que Deus "cavalga sobre os céus" (Salmos 68:33); e, se desejamos cavalgar com Ele ali, o cavalgar aqui na terra precisa terminar.

Quando montamos na carruagem de Deus, nossos caminhos são "estabelecidos", pois nenhum obstáculo é capaz de impedir o curso triunfal dele. Todas as perdas, portanto, são ganhos que nos conduzem a isso. Paulo compreendia essas coisas e se gloriava nas perdas que lhe haviam trazido recompensas indescritíveis. "Mas o que para mim era ganho, reputei-o perda por Cristo. Sim, sem dúvida, e reputo tudo por perda em prol da excelência do conhecimento de Cristo Jesus, meu Senhor, por quem sofri a perda de todas as coisas e as reputo esterco para poder ganhar a Cristo e ser achado nele" (Filipenses 3:7-9).

Até mesmo o "espinho na carne", o mensageiro de Satanás enviado para golpeá-lo, tornou-se uma "carruagem de Deus" para sua alma disposta, e o levou às alturas do triunfo, as quais, de outra forma, ele não poderia ter alcançado. "Considerar prazer" em nossas provações, o que é isso senão transformá-las nas mais grandiosas carruagens?

José teve uma revelação de seus futuros triunfos e de seu reinado, mas as carruagens que o levaram até lá pareciam, aos olhos humanos, terríveis rolos compressores do fracasso e da derrota. Escravidão e prisão são carruagens estranhas para levar alguém a um reino, mas José não poderia ter alcançado sua exaltação de nenhuma outra forma. E nossa exaltação ao trono espiritual que nos aguarda frequentemente é alcançada por carruagens semelhantes.

O principal é estarmos atentos para enxergar em todas as situações uma "carruagem de Deus" e aprender a subir nessas carruagens. Devemos reconhecer tudo o que nos acontece como sendo realmente a carruagem de Deus para nós e devemos aceitá-la como proveniente dele. Talvez Ele não ordene nem origine a situação; mas, no momento em que a entregamos em suas mãos, torna-se responsabilidade dele, e Ele imediatamente a transforma em uma carruagem para nós. Ele faz todas as coisas, até mesmo as ruins, cooperarem para o bem daqueles que confiam nele. Tudo o que Ele precisa é que seja inteiramente confiado a Ele.

Quando sua provação chegar, entregue-a diretamente à vontade de Deus e entregue-se nessa vontade como uma criança entrega-se nos braços de sua mãe. O bebê carregado na carruagem dos braços de sua mãe atravessa triunfalmente os lugares mais difíceis, e nem mesmo percebe que são difíceis. Quanto mais nós, que somos carregados na carruagem dos "braços de Deus"!

Então, entre em sua carruagem. Aceite tudo aquilo que está errado em sua vida como a carruagem de Deus para você. Não importa quem seja o responsável pelo erro, sejam homens ou demônios, quando chegar ao seu lado, será a carruagem de Deus para você, destinada a levá-lo a um lugar celestial de triunfo. Deixe de lado todas as causas secundárias e encontre o Senhor em meio a isso. Diga: "Senhor, abra meus olhos para que eu possa ver, não o inimigo visível, mas as tuas carruagens invisíveis de libertação".

Sem dúvida, o inimigo tentará transformar sua carruagem em um veículo de rolo compressor, zombando de você com a sugestão de que Deus não está em seu problema e que não há ajuda para você no Senhor. Mas você deve ignorar completamente todas essas sugestões e superá-las com uma confiança inabalável em sua fé. "Deus *é* o nosso refúgio e fortaleza, socorro bem presente na angústia" (Salmos 46:1), essa deve ser sua declaração contínua, independentemente de como as coisas possam parecer.

Ademais, você não deve ficar indiferente a isso. Você deve entrar completamente em sua carruagem, sem deixar um pé no chão. Não pode haver "se", "mas", "suposições" ou "questionamentos". Você deve aceitar plenamente a vontade de Deus e deve se aconchegar nos braços do seu amor, que estão sempre prontos para recebê-lo, em todas as circunstâncias e a todo momento. Diga repetidamente: "Seja feita a tua vontade; seja feita a tua vontade". Deixe de lado todos os outros pensamentos, exceto aquele de submissão à vontade de Deus e confiança em seu amor. Em toda provação, a vontade de Deus tem um papel; basta que a alma se eleve à sua vontade como se estivesse em uma carruagem, e ela se encontrará "cavalgando nos céus" com Deus, de uma forma que jamais imaginou.

A alma que viaja assim com Deus "nos céus" tem visões e experiências que a alma que se arrasta pela terra jamais terá. Enquanto a vítima pobre e ferida sob o veículo de rolo compressor só pode ver poeira, pedras e rodas de moagem, o cavaleiro triunfante na carruagem vislumbra paisagens muito mais belas.

Algum de vocês está se perguntando onde encontrar suas carruagens? O salmista diz: "Os carros de Deus *são* vinte mil, *a saber*, milhares de anjos" (Salmos 68:17). Nunca na vida faltam carruagens. Uma querida cristã me disse, ao final de uma reunião em que eu estava falando sobre essas carruagens: "Eu sou uma mulher pobre e durante toda a minha vida lamentei não poder andar de carruagem, como alguns dos meus vizinhos ricos. Mas, enquanto você falava, eu estava refletindo sobre minha vida e descobri que está repleta de carruagens por todos os lados. Então, tenho certeza de que nunca mais precisarei andar a pé".

Não tenho a menor dúvida, queridos leitores, de que, se todos os nossos olhos pudessem ser abertos hoje, veríamos nossas casas, nossos locais de trabalho e as ruas que percorremos cheias das "carruagens de Deus". Nenhum de nós precisa caminhar por falta de carruagens. Aquela pessoa problemática em sua casa, que até agora tem sido um fardo para você e tem sido o veículo de rolo compressor a esmagar sua alma até torná-la pó, pode, a partir de agora, ser uma gloriosa carruagem para levá-lo às alturas da paciência e da longanimidade celestial. Aquela incompreensão, aquela humilhação, aquela falta de bondade, aquela decepção, aquela perda, aquele fracasso — tudo isso são carruagens esperando para levá-lo até as alturas da vitória que você tanto desejou alcançar.

CAPÍTULO 20

A vida com asas

Essa vida com Cristo, escondida em Deus, tem muitos aspectos e pode ser considerada sob muitos prismas diferentes. Há um aspecto que tem sido de grande ajuda e inspiração para mim, e acredito que também possa ser para algumas outras almas ansiosas e famintas. É o que eu chamo de vida com asas.

Nosso Senhor não apenas nos disse para considerar os "lírios do campo", mas também os "pássaros do céu"; e eu descobri que essas pequenas criaturas com asas têm algumas lições maravilhosas para nós. Em um dos salmos, o salmista, depois de enumerar a escuridão e a amargura de sua vida nesta esfera terrena de provação, clama: "Oh, se eu tivesse asas como a pomba! *Pois então* eu voaria para longe e estaria em repouso. Eis que *então* eu vagaria para longe e ficaria no deserto. Selá. Eu apressaria minha fuga da tormenta de ventos *e* da tempestade" (Salmos 55:6-8).

Esse clamor por "asas" é tão antigo quanto a humanidade. Nossa alma foi feita para "elevar-se com asas", e nunca pode se satisfazer com algo que não seja voar. Assim como a águia nascida em cativeiro que sente dentro de si o instinto de voo, e se agita e se irrita com sua prisão, mal sabendo pelo que anseia, também nossa alma se agita e se irrita, e clama por liberdade. Nunca podemos descansar na terra, e anelamos "voar para longe" de tudo que nos prende e impede aqui.

Essa inquietação e esse descontentamento geralmente se manifestam buscando uma fuga externa de nossas circunstâncias ou de nossas misérias. Inicialmente, não reconhecemos o fato de que nossa única maneira de escapar é "elevando-nos com asas", e tentamos "fugir em cavalos", como fizeram os israelitas quando oprimidos por suas provações (veja Isaías 30:16).

Nossos "cavalos" são as questões externas de que dependemos para obter alívio, alguma mudança de circunstância ou alguma ajuda dos homens; montamos neles e corremos para leste ou oeste, norte ou sul, para qualquer lugar, a fim de escapar de nossos problemas, pensando, em nossa ignorância, que uma mudança de nosso ambiente é tudo o que é necessário para dar libertação à nossa alma. Mas todos esses esforços para escapar são inúteis, como cada um de nós provou centenas de vezes; pois a alma não é feita para "fugir em cavalos", mas deve sempre fazer seu sobrevoo com asas.

Além disso, esses "cavalos" geralmente nos levam, como fizeram com os israelitas, de um problema para outro. É como diz o profeta: "Como se um homem fugisse do leão, e um urso o achasse, ou como se entrasse em uma casa, e encostasse a mão à parede, e uma serpente o mordesse" (Amós 5:19).

Quantas vezes também corremos de algum "leão" em nosso caminho apenas para um "urso" nos encontrar; ou nos escondemos em um lugar de suposta segurança, apenas para sermos mordidos por uma "serpente"! Não; a alma não pode esperar escapar dos seus problemas fugindo para qualquer refúgio terreno, pois nenhum deles pode oferecer verdadeira libertação.

Desse modo, existe para nós alguma maneira de escapar quando estamos em dificuldade ou angústia? Devemos apenas caminhar exaustivamente por tudo isso e não procurar alívio? Eu me alegro em responder que há uma maneira gloriosa de fuga para cada um de nós, se ao menos nos elevarmos com asas e voarmos para longe de tudo isso em direção a Deus. Não é um caminho para leste ou oeste, norte ou sul, mas, sim, para o alto. "Mas os que esperam no Senhor renovarão *suas* forças; elevar-se-ão com asas como águias; correrão e não se cansarão; *e* caminharão, e não desfalecerão" (Isaías 40:31).

Qualquer criatura que tem asas pode escapar de qualquer armadilha que lhe seja armada, contanto que voe alto o bastante; e, da mesma forma, a alma que usa suas asas sempre pode encontrar um "caminho de escape" seguro de tudo que possa prejudicá-la ou perturbá-la.

Então, o que são essas asas? Seu segredo está contido nas seguintes palavras: "os que esperam no Senhor". A alma que espera no Senhor é aquela que está completamente entregue a Ele e que confia nele de forma absoluta. Portanto, podemos chamar nossas asas de asas da entrega e da confiança. Com isso, quero dizer que, se nos entregarmos completamente ao Senhor e confiarmos nele de forma plena, encontraremos nossa alma se elevando "com asas como águias" para os "lugares celestiais" em Cristo Jesus, onde os aborrecimentos ou tristezas terrenas não têm poder para nos perturbar.

As asas da alma a elevam a um plano espiritual de vida, ou seja, à "vida com Cristo, escondida em Deus", que é uma vida totalmente independente de circunstâncias, e que nenhuma gaiola pode aprisionar e nenhum grilhão pode prender.

As "coisas elevadas" são aquelas com que a alma com asas se preocupa; ela não se preocupa com as "coisas da terra"; e ela observa a vida e todas as suas experiências a partir da grande altitude dos "lugares celestiais em Cristo Jesus". As coisas parecem muito diferentes dependendo do ponto de vista de onde as observamos. A lagarta, enquanto rasteja pelo chão, deve ter uma "visão" muito diferente do mundo ao seu redor daquela que terá quando suas asas estiverem desenvolvidas e ela voar por cima dos lugares nos quais antes rastejava. E, de forma semelhante, a alma que rasteja deve, necessariamente, ver as coisas de um aspecto bem diferente da alma que "elevou-se com asas". Enquanto todo o vale está envolto em neblina, o topo da montanha pode brilhar com a luz do sol; assim como o pássaro, cujas asas podem levá-lo alto o suficiente, pode escapar da escuridão abaixo e encontrar a alegria sob a luz do sol acima.

Certa ocasião, passei um inverno em Londres e, durante três longos meses, não vimos uma única vez o sol genuíno, devido às densas nuvens de fumaça que pairavam sobre a cidade como um véu. Mas, muitas vezes, vi que, acima da fumaça, o sol estava brilhando, e uma ou duas vezes, através de uma fenda, tive o vislumbre de um pássaro, com a luz do sol em suas asas, navegando acima da neblina, no azul-claro do céu iluminado pelo sol. Nem todas as vassouras de Londres seriam capazes de varrer a névoa; contudo, se conseguíssemos subir o suficiente, alcançaríamos uma região acima dela.

É exatamente isso que uma alma com asas faz. Ela vence o mundo pela fé. Vencer significa "transpor", não ser esmagado; e a alma com asas voa sobre o mundo e sobre as coisas que pertencem a ele. Elas perdem seu poder de reter ou prender o espírito, que pode "transpor" sobre elas com as asas da entrega e da confiança. Esse espírito é, na verdade, "mais que vencedor".

Os pássaros desafiam a lei mais baixa da gravidade pela lei superior do voo; e, da mesma forma, a alma com asas transcende a lei mais baixa do pecado, da miséria e da escravidão pela lei superior do voo espiritual. A "lei do Espírito de vida, em Cristo Jesus" (Romanos 8:2) deve ser inerentemente uma lei superior e mais dominante do que a lei do pecado e da morte; assim, a alma que alcança essa esfera superior da vida em Cristo inevitavelmente conquista e triunfa.

Mas nós podemos questionar por que nem todos os cristãos triunfam sempre. Minha resposta é que muitos cristãos não "se elevam com asas" para esse plano superior de vida. Eles vivem no mesmo nível baixo de suas circunstâncias; em vez de voar sobre elas, tentam combatê-las em seu próprio plano terreno. Nesse plano, a alma é impotente; não tem armas com as quais possa conquistar algo; em vez de superar ou transpor, os desafios e as tristezas da vida terrena a dominam e a esmagam.

Como já falei, todos sabemos que as coisas parecem diferentes para nós de acordo com nosso "ponto de vista". As provações assumem um aspecto muito diferente quando observadas de cima em relação a quando são vistas do próprio nível delas. O que parece uma parede intransponível em seu próprio nível torna-se uma linha insignificante aos olhos que a observam do topo de uma montanha; e as armadilhas e tristezas que assumem proporções imensas enquanto as observamos no plano terreno se tornam insignificantes partículas de poeira na luz do sol quando a alma se eleva com asas para os lugares celestiais acima delas.

Certa vez, uma amiga ilustrou para mim a diferença entre três de suas amigas da seguinte maneira. Ela explicou que, se as três encontrassem uma montanha espiritual para cruzar, a primeira tentaria escavar através dela com esforço árduo e cansativo; a segunda contornaria a montanha de forma indefinida, sem ter certeza de sua direção, mas, por fim, alcançaria o outro lado devido ao seu objetivo correto; a terceira, por sua vez, simplesmente abriria suas asas e voaria diretamente sobre a montanha. Acredito que todos nós devemos conhecer algo dessas diferentes formas de locomoção; e espero que, se algum de nós no passado tentou escavar um caminho através das montanhas que se erguiam em seu caminho, ou se vagou em torno delas, possa, daqui em diante, decidir abrir as asas e "elevar-se" para a clara atmosfera da presença de Deus, onde será fácil superar, ou transpor, a mais alta montanha de todas.

Digo "abramos nossas asas e subamos", pois até mesmo as maiores asas já conhecidas não podem elevar um pássaro nem mesmo um centímetro para cima, a menos que sejam usadas. Devemos usar nossas asas; do contrário, elas não nos servirão para nada.

Não adianta lamentar: "Se eu tivesse asas, então eu voaria", porque já temos asas; o essencial não é ter mais asas, mas, sim, usar as que já temos. O poder de se render e confiar existe em cada alma humana, necessitando apenas ser exercido. Com essas duas asas, podemos "fugir" para Deus a qualquer momento; mas, para alcançá-lo, devemos usá-las ativamente. Não basta querer usá-las; devemos fazê-lo de forma definitiva e ativa. Uma rendição passiva ou uma confiança passiva não servirão. Quero dizer isso de forma muito prática. Não alcançaremos grandes alturas se apenas nos rendermos e confiarmos na teoria ou em nossos momentos especialmente religiosos. Devemos fazer isso de forma definitiva e prática, em relação a cada detalhe do dia a dia, à medida que vão surgindo. Devemos enfrentar nossas decepções, nossos impedimentos, nossas perseguições, nossos inimigos maliciosos, nossos amigos provocativos, nossas provações e tentações de todos os tipos, com uma atitude ativa e prática de rendição e confiança. Devemos abrir nossas asas e "subir" para os "lugares celestiais em Cristo" acima de todos eles, onde não terão mais o poder de nos prejudicar ou angustiar. Pois, a partir desses lugares elevados, veremos as coisas através dos olhos de Cristo, e toda a terra será glorificada na visão celestial.

> A pomba não tem garra nem ferrão,
>   nem arma para a luta.
> Deve sua segurança à asa,
>   sua vitória ao voo.
> O Noivo abre os braços de amor
>   e neles envolve a pomba ofegante.

Quão diferente seria nossa vida se pudéssemos voar ao longo dos dias nessas asas de entrega e confiança! Em vez de provocar conflitos e amargura tentando, metaforicamente, derrubar e passar por cima de nossos irmãos e irmãs que nos ofendem, deveríamos escapar de todos os conflitos simplesmente abrindo nossas asas e subindo para a região celestial, onde nossos olhos veriam todas as coisas cobertas com um manto de amor e piedade cristãos.

Nossa alma foi feita para viver nessa atmosfera superior, e nos sufocamos e nos afogamos em qualquer nível inferior. Nossos olhos foram feitos para contemplar essas alturas celestiais, e nossa visão é distorcida por qualquer olhar inferior. É uma grande bênção, portanto, que nosso amado Pai celestial tenha misericordiosamente organizado toda a disciplina de nossa vida com o objetivo de nos ensinar a voar.

Em Deuteronômio temos um quadro de como esse ensino é feito: "Como a águia desperta o ninho, adeja sobre os filhotes, estende as asas, toma-os, carrega-os nas asas, *assim* o Senhor, sozinho, o guiou, e não *havia* com ele nenhum deus estranho" (Deuteronômio 32:11,12).

A águia mãe ensina seus filhotes a voarem, tornando o ninho tão desconfortável que eles são forçados a deixá-lo e se lançar ao desconhecido mundo do ar lá fora. E é exatamente assim que nosso Deus age conosco. Ele perturba nossos ninhos confortáveis e nos empurra para além de suas bordas, obrigando-nos a usar nossas asas para nos salvarmos de uma queda fatal. Interprete suas provações sob essa ótica e veja se não consegue começar a vislumbrar seu significado. Suas asas estão sendo desenvolvidas.

Conheci uma senhora cuja vida era uma longa sucessão de provações, devido a um marido cruel, maldoso e alcoólatra. Não havia possibilidade de ajuda humana, e em seu desespero ela foi impelida a usar suas asas e voar para Deus. E, durante os longos anos de provação, suas asas se fortaleceram tanto com o voo constante que, finalmente, como ela me disse, quando as provações estavam no seu auge, parecia, para ela, que sua alma era transportada sobre elas em um belo arco-íris, e encontrava um lugar de descanso pacífico do outro lado.

Com esse objetivo em mente, podemos certamente aceitar com gratidão cada provação que nos obriga a usar nossas asas, pois, somente assim, elas podem crescer fortes, grandes e adequadas para voar mais alto. As asas não utilizadas gradualmente vão murchando, encolhendo e perdendo seu poder de voar; e se não tivéssemos nada em nossa vida que tornasse o voo necessário, talvez acabássemos perdendo toda a capacidade de voar.

Certamente, você pode perguntar: há impedimentos para voar, mesmo quando as asas são fortes e a alma está se esforçando para usá-las? A resposta é: *Sim*. Assim como um pássaro pode estar aprisionado em uma gaiola, preso ao chão por uma corda, sobrecarregado com um peso que o puxa para baixo ou capturado no "laço do passarinheiro" (Salmos 91:3), existem obstáculos correspondentes no reino espiritual que podem tornar impossível para a alma voar, até que seja libertada deles pelo poder de Deus.

Um "laço do passarinheiro" que aprisiona muitas almas é a armadilha da dúvida. As dúvidas parecem tão plausíveis e frequentemente tão simples que os cristãos caem em seu "laço" sem imaginar por um momento sequer que se trata de uma armadilha, até se verem presos e incapazes de voar; assim como o pássaro capturado no laço do passarinheiro, a alma que duvida não tem mais possibilidade de voar.

A razão para isso é evidente. Uma das nossas asas, ou seja, a asa da confiança, fica totalmente incapacitada pela menor das dúvidas; e, assim como são necessárias duas asas para levantar um pássaro no ar, também são necessárias duas asas para levantar a alma. Muitas pessoas fazem de tudo, menos confiar. Elas abrem a asa da entrega e a usam vigorosamente, e se perguntam por que não conseguem voar, nunca imaginando que é porque a asa da confiança está presa e ociosa ao lado delas o tempo todo. É porque os cristãos usam apenas uma asa que seus esforços para voar são frequentemente tão irregulares e infrutíferos.

Observe um pássaro com uma asa danificada tentando voar, e você terá uma ideia do tipo de movimento que o voo unilateral pode causar. Devemos usar ambas as asas ou simplesmente não tentar voar.

Para alguns, pode ser que o "laço do passarinheiro" seja uma forma sutil de pecado, uma falta de consagração oculta. Nesse caso, a asa da confiança pode parecer bem, mas a asa da entrega fica pendendo inativa; e é tão desesperador tentar voar apenas com a asa da confiança quanto com a asa da entrega somente. Ambas as asas devem ser usadas, ou nenhum voo é possível.

É possível também que a alma se sinta como se estivesse em uma prisão da qual não pode escapar, vendo-se, consequentemente, impedida de se elevar com as asas. Nenhuma armadilha terrena pode jamais aprisionar a alma. Nenhuma parede, por mais alta, ou trancas mais fortes, nada disso pode aprisionar uma águia, desde que haja um caminho aberto para o alto; e o poder da terra não pode manter a alma na prisão enquanto o caminho para o alto estiver aberto e livre. Nossos inimigos podem construir muros ao nosso redor o mais alto que quiserem, mas não podem erguer nenhuma barreira entre nós e Deus; e se nos elevarmos "com asas", podemos voar mais alto do que qualquer um de seus muros pode alcançar.

Quando nos vemos enclausurados, então podemos ter a certeza de que não é nosso ambiente terreno que nos aprisiona, pois as asas da alma desconsideram todas as barreiras e paredes mesquinhas feitas pela terra. A única coisa que pode verdadeiramente aprisionar a alma é algo que impeça seu voo para o alto. O profeta nos diz que são nossas iniquidades que nos afastam de Deus, e nossos pecados que ocultam sua face de nós. Portanto, se nossa alma está aprisionada, deve ser porque algum pecado consentido ergueu uma barreira entre nós e o Senhor; então, não poderemos voar até que esse pecado seja abandonado e removido do caminho.

Mas, com frequência, onde não há consciência do pecado, a alma ainda está inconscientemente presa a algo terreno e, portanto, luta em vão para voar. Certa vez, um grupo de amigos meus entrou em um barco na Noruega para remar ao

A VIDA COM ASAS

redor de um dos fiordes de lá. Eles se sentaram e começaram a remar vigorosamente, mas o barco não avançava. Eles aplicaram ainda mais força e remaram mais forte do que antes, mas tudo em vão; nem um centímetro do barco se moveu. Então, de repente, um dos membros do grupo lembrou-se de que o barco não tinha sido desamarrado e exclamou: "Não é de admirar que não conseguíssemos sair, já que estávamos tentando arrastar todo o continente europeu conosco!". E assim também nossa alma muitas vezes não está desamarrada das coisas terrenas. Devemos nos libertar. Assim como uma águia não pode tentar voar com um peso de cem toneladas amarrado aos pés, a alma também não pode tentar "elevar-se com asas" enquanto estiver sobrecarregada por preocupações terrenas e ansiedades.

Quando nosso Senhor estava tentando ensinar seus discípulos sobre esse perigo, contou-lhes uma parábola sobre um grande banquete para o qual muitos convidados falharam em comparecer, porque foram impedidos por suas preocupações terrenas. Um havia comprado um pedaço de terra; outro, um par de bois; e um terceiro se casara; e eles sentiam que todas essas coisas precisavam de sua atenção.

Esposa, bois, terras ou até mesmo coisas muito menores podem ser as cordas que impedem a alma de voar, ou os pesos que a mantêm presa. Vamos, então, cortar cada corda e remover cada barreira, para que nossa alma não encontre nenhum impedimento para se elevar com asas como as de águia aos lugares celestiais em Cristo Jesus.

Estamos instruídos a encher o coração com cânticos de alegria e entoar melodias interiores para o Senhor. No entanto, se não subirmos com asas, isso será impossível, pois apenas a criatura que voa pode cantar. Quando o profeta afirmou que, mesmo que o mundo inteiro estivesse desolado, ele se alegraria em Deus e se regozijaria no Deus de sua salvação, sua alma estava verdadeiramente com asas. Paulo experimentou o uso de suas asas quando se viu "como tristes, mas sempre alegres" (2Coríntios 6:10). No plano terreno, tudo estava escuro para Paulo e o profeta, mas, no plano celestial, tudo era como o raio de sol mais radiante.

Você conhece alguma coisa sobre a vida com asas, caro leitor? Você constantemente se eleva a Deus, transcendendo as preocupações e os desafios terrenos, para alcançar aquele plano de vida superior no qual reinam a paz e o triunfo? Ou você marcha penosamente a pé por entre as suas provações, permitindo que elas o oprimam a cada passo?

Vamos, no entanto, prevenir-nos contra um erro aqui. Não pense que, ao voar, eu necessariamente me refiro a emoções ou sentimentos muito alegres ou de exaltação. Há uma grande quantidade de voo emocional que não é de forma alguma um voo real. É como uma pena que é levada para cima por um forte sopro de vento, mas que logo desce quando o vento para de soprar. O voar a que me refiro é uma questão de *princípio*, não de *emoção*. Pode ser acompanhado por emoções muito alegres, mas não depende delas. Depende apenas dos fatos de uma entrega completa e de uma confiança absoluta. Aqueles que sinceramente utilizarem essas duas asas e continuarem a usá-las de forma fiel perceberão que subiram com asas como uma águia, independentemente de quão desprovidos de emoção possam ter se sentido antes.

Pois a promessa é certa: aqueles "que esperam no Senhor renovarão *suas* forças; elevar-se-ão com asas como águias" (Isaías 40:31). Não podem *talvez* elevar-se, mas "elevar-se-ão". É um resultado inevitável. Que cada um de nós prove isso por si mesmo!

A VIDA COM ASAS

A cotovia sobe cantando do seu ninho
    e proclama em alta voz
sua confiança em Deus; e assim é bem-aventurada.
    Que venha qualquer nuvem.

Ela não tem provisões; não semeia sementes.
    Ainda assim, canta alto sem se importar.
Em dias nublados ou na alimentação escassa,
    canta para envergonhar
os homens que esquecem, com medo da carestia,
    o nome de um Pai.

O coração que confia canta para sempre
    e se sente tão leve como se tivesse asas.
Um poço de paz brota dentro dele.
    Venha o bem ou o mal,
o que quer que o hoje ou o amanhã tragam,
    é a vontade do Senhor.

Sua opinião é importante para nós.

Por gentileza, envie-nos seus comentários pelo e-mail:

editorial@hagnos.com.br

Visite nosso site:

www.hagnos.com.br